죄 사함과
죄로부터의 완전한 자유

Forgiveness of Sins, In Three Aspects
Freedom from Sin : What is it?

국립중앙도서관 출판예정도서목록(CIP)

죄 사함과 죄로부터의 완전한 자유 / 지은이: 조지 커팅 ;
옮긴이: 이종수. -- [서울] : 형제들의집, 2018
   p. ;   cm

원표제: Forgiveness of sins in three aspects
원표제: Freedom from sin : what is it?
원저자명: George Cutting
영어 원작을 한국어로 번역
ISBN 978-89-93141-02-3 03230 : ₩7000

구원[救援]
기독교[基督敎]

231.4-KDC6
234-DDC23   CIP2018031944

죄 사함과
죄로부터의 완전한 자유

조지 커팅 지음 | 이종수 옮김

 형제들의 집

역자 서문

하나님께서 우리의 죄를 사해주신다는 진리는 참으로 놀랍고 감격스러운 진리다. 우리는 죄 사함을 받은 자로서 우리의 모든 죄를 용서해주시는 하나님의 은혜와 자비에 감사를 올리지 않을 수 없다.

하나님이 우리의 죄를 영원히 용서해주셨다는 진리를 생각해볼 때, 하나님은 죄를 지은 우리 자신을 용서해주시고, 그 품에 안아주셨을 뿐만 아니라 또한 우리가 지은 모든 죄들, 범죄들, 범법들, 허물들까지도 사해주셨고, 한번도 죄를 지은 일이 없는 것 같이 깨끗하게 해주셨다. 때문에 죄 사함을 받은 자로서, 이제는 하나님의 호의를 받는 자리에 들어왔으며, 하나님의 영광을 바라고 즐거워하는 자가 되었다.

이런 것이 죄 사함이 가져다주는 효력이긴 하지만, 이것이 죄 사함의 진리가 주는 효력의 전부는 아니다. 만일 영원한 죄 사함만을 알고 있다면, 필연적으로 무법주의나 율법주의에 빠지게 될 것이고, 성화의 삶은 요원한 것이 되고 말 것이다.

이로써 죄 사함의 진리를 오해하는 일이 많이 생겼고, 이 죄 사함의 진리를 훼손하는 일까지 생겼다. 그 결과 하나님의 은혜를 색욕거리나 방탕한 것으로 바꾸는 사람들이 생겨나게 되었다.

우리는 죄 사함의 진리를 성경대로 알 필요가 있다. 게다가 경건하게 살고자 하는 열망을 가진 모든 그리스도인은, 우리 육신 속에 자리잡고 있는 죄성에 대한 성경의 가르침을 정확하게 알고, 우리 영혼에 적용할 필요가 있다.

사실 성경이 죄 사함을 언급할 때, 죄를 언급하는 모든 구절은 죄들sins라는 복수형을 사용하고 있다. 정확하게 말하자면 죄들의 사함(forgiveness of sins)이라고 해야 맞다(행 10:43, 13:38, KJV 참조). 하나님의 용서를 필요로 하는 것은 우리가 실제로 저지른 악한 행동들(열매들)이기 때문이다. 그래서 성경은 우리가 예수 그리스도의 피를 통해서 사함을 받아야 하는 죄를 언급할 때, 범법, 범죄, 허물, 등 다양한 단어를 사용하고 있고, 그 모든 것을 통칭해서 sins로 표현하고 있다.

반면 우리 속에 거하는 죄를 언급할 때에는 죄sin이라는 단수형을 사용한다. 이 단어는 우리 속에 자리잡고 있는 죄성(뿌리)을 가리킨다(롬 7:17, 요일 1:8).

우리가 구원받은 자로서, 거룩한 삶, 성화의 삶을 살고자 할 때, 우리를 육신의 상태로 끊임없이 끌어내리는 영적인 실체가 있는데, 그것이 바로 죄성이다.

하나님의 법을 즐거워하며, 선을 행하길 바라지만, 항

상 나를 사로잡아 죄의 법 아래로 끌어내림으로써, 늘 패배의 나락으로 떨어지게 하는 내 속에 있는 영적인 실체로서 이 죄성으로부터 어떻게 자유를 얻을 수 있는가? 자유와 해방의 길이 있기는 한건가?

  이 책은 우리가 지은 죄들과 그에 대한 심판으로부터 영원히 사함을 받고 또 우리 속에 있는 죄성으로부터 완전한 자유와 해방을 얻을 수 있는 길을 제시하고 있다.

  구원받은 자로서 성화의 삶, 하나님을 위하여 열매를 맺는 삶을 소망하는 독자께서는 이 책의 저자가 쓴 또 다른 책 「영적 자유」란 책을 함께 읽으시길 추천한다. 아무쪼록 이 책을 통해서 독자께서 구하고 바라는 소원이 시원하게 이루어지길 간절히 바란다.

역자 이종수

차례

역자 서문 ··04

제 1장 죄 사함의 세 가지 측면··················11
1. 영원한 죄 사함
2. 회복을 위한 죄 사함
3. 치리적 죄 사함
4. 죄 사함의 측면들의 비교

제 2장 죄로부터의 자유란 무엇인가··················71
하나님의 말씀과 사람의 생각
죄로부터 자유를 얻는 두 가지 측면
죄로부터 자유를 얻는데 필요한 세 가지
죄로부터의 자유를 경험하지 못하는 사람들
자유의 유일한 토대, 은혜
자기 실망으로부터의 자유
죄의 정죄로부터 자유
거룩한 삶을 위한 기준
노력이 아니라 의존을 통해서 들어가는 자유의 비밀
결론

"그러므로 형제들아 너희가 알 것은
이 사람을 힘입어 죄 사함(the forgiveness of sins)을
너희에게 전하는 이것이며
또 모세의 율법으로
너희가 의롭다 하심을 얻지 못하던 모든 일에도
이 사람을 힘입어
믿는 자마다 의롭다 하심을 얻는 이것이라."
(행 13:38,39)

제 1장 죄 사함의 세 가지 측면

Forgiveness of Sins, In Three Aspects

성경은 죄 사함을 말할 때, 영원한 죄 사함(Eternal Forgiveness), 회복을 위한 죄 사함(Restorative Forgiveness), 치리적 죄 사함(Governmental Forgiveness)를 말한다.

그리고 죄가 빚어내는 세 가지 중대한 결과가 있다.

1. 그 영원한 결과
2. 하나님과의 사귐을 방해하는 실제적인 결과
3. 하나님의 통치를 불러오는 효과

그래서 죄가 일으키는 세 가지 결과와 연결해서, 성경이 우리에게 제시하고 있는 죄 사함에는 세 가지 측면이 있다.

첫 번째, 영원한 죄 사함 또는 구속(救贖)을 위한 죄 사함
두 번째, 회복을 위한 죄 사함
세 번째, 치리적 죄 사함 또는 통치적 차원의 죄 사함

그리스도인의 삶을 시작하는 부분에서 우리가 경험하는 것은 첫 번째 영원한 죄 사함이다. 그리스도인은 영원한 죄 사함을 받은 사람이다.

두 번째 죄 사함은 그리스도인으로서 자신의 삶 속에 죄를 허용함으로써 성령을 근심시킬 때마다 필요한 죄 사함이다. 이것은 거듭난 하나님의 자녀로서 누릴 수 있는 특권적인 죄 사함이긴 하지만, 죄로 인해서 오랫동안 경험하지 못할 수도 있다.

세 번째 죄 사함은 여기 이 땅에서 하나님이 자신의 백성들을 징계하시는 일과 연결되어 있다.

1. 구속을 위한 죄 사함 또는 영원한 죄 사함

하나님의 말씀이 밝히고 있는 영원한 죄 사함과 연결되어 있는 네 가지 중요한 문제가 있다.

1) 어떻게 죄 사함은 우리를 위해서 확보되었는가?
2) 어떻게 우리는 죄 사함을 받을 수 있는가?
3) 어떻게 죄 사함은 우리에게 보장되는가?
4) 우리에게 미치는 죄 사함의 효력은 무엇인가?

1) 죄 사함의 확보

영원한 죄 사함은 그리스도의 피에 의해서, 오로지 그리스도의 피에 의해서만 확보되며, 이로써 우리는 우리가 지은 모든 죄들의 용서를 받게 된다. 우리가 지은 죄들을 그리스도의 피를 통해서 속죄(또는 대속)하는 방법 외엔, 우리가 지은 죄들의 사함을 합법적으로 확보할 수 있는 방법은 없다.

"육체의 생명은 피에 있음이라 내가 이 피를 너희에게 주어 제단에 뿌려 너희의 생명(또는 영혼)을 위하여 속죄하게 하였나니 생명이 피에 있으므로 피가 죄를 속하느니라."(레 17:11) (히브리서 9:22, 마태복음 26:28, 에베소서 1:7도 보라.)

만일 죄 사함이 다른 무엇으로 가능할 것 같으면, 어째서 하나님은 자기 아들을 아끼지 아니하시고, 십자가의 부끄러움과 고통 그리고 수치와 심판을 받게 하신 것일까? 만일 죄 사함이 우리의 기도와 부르짖음과 눈물에 의해서 가능하다고 할 것 같으면, 주님은 십자가 상에서 그렇게 기도하실 필요가 없었을 것이다(눅 23:34). 만일 당신이 정의로운 법정에서 사형 선고를 받았다고 할 것 같으면, 죄 용서를 빌며 선처를 호소하는 일은 아무 소용이 없을 것이다. 만일 그 상황에서, 즉 정의가 처벌을 요구하고 또 빚을 갚을 것을 요구하고 있는데, 선처를 호소하는 말, 자기 변명 또는 앞으로 착한 일을 많이 하겠다는 약속, 심지어는 매우 진실어린 뉘우침 등이 법정에서 통하겠는가? 하나님의 보좌 앞에 서있는 당신은, 과연 그러한 것들이 죄 용서를 확보할 수 있다고 보는가?

하나님은 그 문제를 해결할 방안을 제시하셨다. 그래서 하나님은 "피 흘림이 없은즉 사함이 없느니라"(히 9:22)고 선언하셨다. **피 흘림이 없으면, 죄 사함은 없다.** 하나님이 인정하시는 희생제사의 피가 아니고선, 하나님 앞에서 당신의 죄들을 사함 받을 수 있는 방법이 없는 것이다.

공의를 주장하시는 하나님은 은혜를 준비하셨다. 제단에 바쳐진 제사가 보좌의 공의로운 주장을 상쇄시킬 수 있다. "피가 영혼을 위한 속죄를 이루느니라"고 말씀하신 하나님은 또한 "내가 이 피를 너희에게 주어 제단에 뿌려 너희의 생명을 위하여 속죄하게 하였다"(레 17:11)고 말씀하셨다. 따라서 그리스도의 피가 나의 모든 죄들을 속죄했음을 믿는 신자들은 "우리는 그리스도 안에서 그의 은혜의 풍성함을 따라 그의 피로 말미암아 속량 곧 죄 사함을 받았다"(엡 1:7)고 당당하게 말할 수 있다.

하나님의 은혜가 이 모든 것의 근원이다. 그리스도의 피는 우리 죄들의 사함을 이루는 수단이다. 하나님의 은혜는 어린양을 준비했고, 어린양의 피는 죄 사함을 확보했으며, 은혜의 성령은 죄 사함의 은총을 가능한 모든 죄인들에게 널리 선전하는 일을 하신다. 하나님의 마음은 자신이 지은 죄들을 뉘우치며, 기꺼이 회개하고자 하는 사람들에게 죄 사함을 베푸시는 것을 기뻐하신다. 하나님은 "풍성하게" 죄를 용서하시며, 값없이 죄를 사하신다. "갚을 것이 없으므로 둘 다 탕감하여"(눅 7:42) 주는 사람처럼 완전한 용서를 하신다.

2) 죄 사함을 받는 방법

죄 사함을 확보한 것은 오로지 피를 통해서 되었다. 이제 우리가 죄 사함을 받을 수 있는 방법은 오로지 개인적으로 행사하는 믿음 외엔 없다.

은혜가 준비했다.
피가 확보했다.
하나님의 영께서 죄 사함의 은총을 선언하신다.
개인적으로 행사하는 **믿음**이 나의 것으로 만든다.

"그에 대하여 모든 선지자도 증언하되 그를 믿는 사람들이 다 그의 이름을 힘입어 죄 사함(remission of sins)을 받는다 하였느니라." (행 10:43)

"그러므로 형제들아 너희가 알 것은 이 사람을 힘입어 죄 사함(the forgiveness of sins)을 너희에게 전하는 이것이며 또 모세의 율법으로 너희가 의롭다 하심을 얻지 못하던 모든 일에도 이 사람을 힘입어 믿는 자마다 의롭다 하심을 얻는 이것이라." (행 13:38,39)

죄 사함은 우리가 행한 과거의 공로나, 또는 앞으로 선을 행하기로 약속함으로써 행하게 될 미래의 공로를 통해서 주어지는 것이 아니다. 내가 아닌 다른 이, 곧 예수 그리스도의 행위와 공로에 대한 믿음을 통해서 주어진다. 하나님은 그리스도께서 행하신 십자가의 사역을 기쁘게 받으셨음을 입증하고자 그리스도를 죽은 자 가운데서 다시 살리셨다.

"이 예수를 하나님이 그의 피로써 믿음으로 말미암아 화목제물로 세우셨으니 이는 하나님께서 길이 참으시는 중에 전에 지은 죄를 간과하심으로 자기의 의로우심을 나타내려 하심이니 곧 이 때에 자기의 의로우심을 나타내사 자기도 의로우시며 또한 예수를 믿는 자를 의롭다 하려 하심이라."(롬 3:25,26)

즉 그리스도의 죽음 이전에, 하나님은 장차 이루어질 그리스도의 사역에 근거해서 신자들의 죄들을 간과하셨다. 그렇게 하신 것은 하나님의 오래 참으심 때문이긴 하지만, 그들을 위해 "단번에 완전한 변제(one full payment)"가 이루어질 것을 내다보고 계셨기 때문에,

그것은 공정한 오래 참으심이었다. 십자가 이후로, 신자는 이미 흘려진 피의 가치에 근거해서 죄들의 사함을 받는다.

3) 죄 사함의 보장

우리는 일반적으로 믿을 수 있는 증거를 통해서 어떤 것에 대한 확신을 갖는다. 우리는 필요한 정보를 확보해야 하고 또 신뢰할 수 있는 출처를 통해서 정보를 얻고 싶어 한다.

우리가 복음을 증거하는 말씀을 들었을 때, 복음 증거의 주체가 바로 하나님 자신이신 것을 기억해야 한다.

"하나님이 이 모든 날 마지막에는 아들을 통하여 우리에게 말씀하셨다." (히 1:1,2)

"오직 주의 말씀은 세세토록 있도다 하였으니 너희에게 전한 복음이 곧 이 말씀이니라."(벧전 1:25)

복음은 **하나님의 복음**이다. 그래서 사도 바울은 고린도 사람들에게 "하나님은 진실하시니라 우리가 너희에게 한 말은 예 하고 아니라 함이 없노라"(고후 1:18)고 말했다.

또 다시 사도행전 13장 38,39절로 가보자.
"이 사람을 힘입어 **죄 사함**(the forgiveness of sins)**을 너희에게 전하는 이것**이며 또 모세의 율법으로 너희가 의롭다 하심을 얻지 못하던 모든 일에도 이 사람을 힘입어 **믿는 자마다 의롭다 하심을 얻는 이것이라.**"

만일 주 예수 그리스도과 그분의 보배로운 피를 믿음

으로 말미암아, 하나님이 죄 사함을 당신의 것으로 선언하신다면, 하나님은 진실하시기에, 죄 사함은 정말 당신의 것이 된다.

어쩌면 당신은 "나의 믿음은 너무도 연약하기 때문에, 그런 복을 나의 것으로 주장하는 것이 너무나 두렵습니다"라고 말하고 싶을지 모르겠다. 그렇다면 이렇게 묻고 싶다. "아무리 연약한 믿음이라도 그리스도를 당신의 신뢰의 대상으로 삼을 정도면 충분하다. 과연 그리스도는 당신이 확신하는 유일한 대상이신가? 그분의 보배로운 피가 당신의 유일한 방법인가? 그렇다면 당신이 그것을 주장하든 그렇지 않든, 하나님의 말씀은 그 복이 당신의 것이라고 보장해준다. 이제 당신은 하나님의 말씀을 향해 다만 아멘이라고 말하면 된다. '그리스도를 믿는 자마다 죄 사함을 받을 것이라.', '믿는 자마다 모든 일에 의롭다 하심을 얻을 것이라.' 아멘."

제1장 죄 사함의 세 가지 측면 • 23

사람의 감정은 하나님의 말씀만큼 확실하거나 신뢰할만한 하지 못하다. 감정이 사람에게 자연스러운 것이긴 하지만, 죄 사함을 확신하는 일에 내적인 감정을 신뢰할 순 없다. 역사적인 사례를 통해서 확인해보자.

서머셋의 공작은 타워 힐에서 마지막으로 참수형을 당한 사람들 가운데 한 사람이었다. 그때는 에드워드 6세가 통치하는 시기였다. 목을 베려는 그 극적인 순간, 국왕의 명을 급하게 전달하고자 의회의 의원 중 한 사람이 말을 타고서 급하게 사형을 집행하는 장소에 도착했다. 그는 말을 타고서 군중들 사이를 뚫고서, 그 음울한 장소로 급하게 가는 장교들을 따라 왔다. 그 자리에 모인 군중들은 이 의원이 사형집행을 중단시키려고 왔다고 생각했고, 그래서 소리치기 시작했다. "사면! 사면!" 그렇게 외치는 소리는 한동안 계속되었다. 참수형을 언도받은 그 공작의 이마와 뺨에선 진땀이 흐르기 시작했다. 그 순간 그는 과연 어떤 감정을 품었을까? 일말이라도 희소식을 기대하는 그의 가슴은 어쩌면 희망과 기쁨으로 용솟음쳤을 것이다. 하지만 그의 감정이 어떠했든지, 그것은 오래 가지 못했다. 좋은 소식인줄 알았지만, 그것은 근거 없는 것으로 판명이 났다. 대중들의 생각은 잘못된 것이었다. 비록 수천 명의 사람들이 기쁨으로 "사면!"이라고 외쳤고, 그 공작의 감정도 거기에 호응하면서 요동쳤지만, 에드워드 왕은 사면의 메시지를 전달하고자 보낸 것이 아니었다. 결국 군중들은 근거 없이 상상의 나래를 펼친 것에 대해 크게 실망해야만 했다. 사면이라고 외친 것은 사람들의 환영을 받았지만, 그럼에도 가장 중요한 한 가지를 결하고 있었다. 즉 국왕의 허락이 없는 사면을 그들은 그리도 허망하게 외쳤던 것이다.

만일 죄 사함을 확신하는 우리 자신의 확신이 진실하

고 견고하며, 또한 영구적인 것이 되려면, 우리는 죄 사함을 최고의 권위를 통해서, 즉 하나님의 말씀을 통해서 받아야 한다. 그리고 우리가 그렇게 할 때, 죄 사함을 확신하는 우리의 확신은 참된 위안을 얻게 될 것이다. 그럴지라도 확신과 위안을 혼동해선 안된다. 위안은 확신의 열매이기 때문이다. 위안의 감정은 확신의 결과로 따라 오는 것이긴 하지만, 풍성한 위안의 감정을 느낄지라도, 그것 자체가 당신에게 견고한 확신을 가져다주는 것으로 상상해서는 안된다.

우리는 다음 두 가지를 명심할 필요가 있다.

하나님이 말씀하셨기 때문에, 나는 **확신한다**.
확신하기 때문에, 나는 마음의 안식을 **느낀다**.

4) 죄 사함을 확신함으로써 나타나는 효과

나의 영혼이 "나는 죄 사함을 받은 사람"이라는 확신을 가지게 되면, 적어도 세 가지 효과가 나타난다.

(1) 죄 사함은 **행복감**을 일으킨다.

"허물의 사함을 받고 자신의 죄가 가려진 자는 복이 있도다. (또는 행복하다.)"(시 32:1)

이렇게 죄 사함을 받은 사람에 대해서 언급하고 있는 시편 32편은 "너희 의인들아 여호와를 기뻐하며 즐거워할지어다 마음이 정직한 너희들아 다 즐거이 외칠지어다"라고 노래하면서, 기쁨과 즐거움으로 외치는 것으로 마치고 있다.

(2) 죄 사함은 **사랑**을 일으킨다.

"그의 많은 죄가 사하여졌도다 이는 그의 사랑함이

많음이라 사함을 받은 일이 적은 자는 적게 사랑하느니라."(눅 7:47) 그래서 많은 죄들(many sins)을 사함을 받은 그 여자는 "사랑함이 많았다."

(3) 죄 사함은 **경외심**을 일으킨다.

그리스도 안에서 우리 죄들을 용서하시는 하나님의 사랑같이 우리 영혼을 거룩하고, 질투하시는 사랑의 돌봄 아래로 넣어주는 것은 없다.

> "여호와여 주께서 죄악을 지켜보실진대 주여 누가 서리이까 그러나 사유(사죄)하심이 주께 있음은 주를 경외하게 하심이니이다."(시 130:3,4)

이런 경외심은 여전히 두려운 감정이긴 하지만, 그렇다고 노예적인 두려움은 아니다. 하나님의 사랑을 잃을까 두려워하는 감정이라기보다는, 그런 일이 일어나지 않도록 조심하는 감정이다. 이것은 매순간 점검할 필요도 없고 또 변할 수도 없는 사랑을 아는 지식에서 샘솟는 두려움이다. 하나님의 사랑은 내가 전적으로 타락했고, 잃어버린바 되었으며 또한 스스로 돌이킬 수 없는 상태에 있을 때, 나에게 모든 것을 쏟아 부은 사랑이며, 이제 영원히 구원받은 나에게 그리스도 안에 있는 모든 것을 함께 나누는 사랑이다.

그런 하나님의 사랑을 근심시키거나 또는 배신하는 것을 누가 두려워하지 않을 수 있겠는가?

"오 주님, 누가 주를 두려워하지 않으며, 주의 이름을 영화롭게 하지 않으리까?"

2. 회복을 위한 죄 사함

 소경인 사람과 일시적으로 시력을 잃은 사람 사이엔 차이점이 있다. 눈에 들어간 먼지와 같은 이물질 때문에 고통스러워하는 사람은 아주 눈이 먼 소경과 같이 볼 수 있는 기쁜 감정을 느끼지 못할 수도 있다. 그럴지라도 어느 누구도 그를 소경이라고 말하지 않을 것이다. 이물질을 제거하기만 하면, 그는 예전처럼 잘 볼 수 있기 때문이다. 그리스도인의 경우도 마찬가지다.

 악을 허용하게 되면 그는 하늘 아버지와의 관계를 누리는 일에 치명적인 손상을 입음으로써, 마치 하나님의 자녀가 되기 이전처럼 냉랭한 관계에 빠질 수 있다. 그럼에도 하나님의 자녀라는 관계에는 아무런 변동이 없음을 보는 것이 중요하다. 자녀관계는 그 관계를 내가 누리고 있는가, 그렇지 않은가에 따라 변동되지 않는다. 하지만 관계를 누리는 일은 친밀한 관계 속에서 실제적으로 행하는가에 달려있다.

우리가 다루고 있는 주제를 생각할 때, 많이 부끄러운 일도 있지만, 그럼에도 우리 마음을 새롭게 해주는 일도 있다. 우리의 부끄러운 실패는 자기를 희생하신 그리스도의 사랑의 빛으로 볼 때 참으로 슬픈 일이긴 하지만, 그럼에도 이러한 실패들 때문에 그 사랑이 사라져버리는 것이 아니라 오히려 그 사랑이 새로운 모습으로 나타나게 하는 계기를 만들어준다.

"만일 누가 죄를 범하여도 아버지 앞에서 우리에게 대언자가 있으니 곧 의로우신 예수 그리스도시라."(요일 2:1)

처벌하심으로써 우리의 자녀신분을 빼앗아버리는 것

이 아니라, 그리스도께서는 영광 중에 계시면서 우리를 위해서 간구하신다. 그분은 자기 백성을 결코 포기하는 일이 없으시다. 결코 없다! 얼마나 놀라운 은혜인가!

  십자가 사역은 다시 반복될 수 없다. 구주로서 그리스도는 죄에 대한 심판을 또 다시 받으실 필요가 없다. 신자에게 죄의 심판은, 구주께서 "다 이루었다"고 외치셨을 때, 그때 영원히 해결되었다. 다른 한편, 하늘의 중보자(또는 변호자)로서 그리스도의 사역은 아직 끝나지 않았다. 구속함을 받은 전체 교회가 죄의 영역을 완전히 벗어날 때까지 그 중보사역은 끝나지 않을 것이다.

  당신은 그리스도께서 의로우신 중보자(대언자)의 직무를 수행하시는 것이, 우리가 죄를 지은 것에 대해 부끄러운 마음을 느낄 때가 아니라, 죄를 지을 때라는 점에 주목해야 한다. 신자로서 우리의 회개와 회복은 잘

못을 뉘우치고 선처를 호소하는 우리의 눈물 때문이 아니라, 그리스도의 중보(변호) 때문이란 사실을 아무리 강조해도 지나치지 않을 것이다.

간단하게 정리하자면, 이것은 우리의 회복을 위해서 그리스도께서 하시는 일이다. 이제 우리가 할 일을 살펴보자.

"만일 우리가 우리 죄들(our sins)을 자백하면 그는 미쁘시고 의로우사 우리 죄들(our sins)을 사하시며 우리를 모든 불의에서 깨끗하게 하실 것이요." (요일 1:9)

이보다 더 간단한 일이 있을까? 성경은 우리에게 죄들을 참으로 자백하기만 한다면, 죄들이 확실히 용서된다고 아주 선명하게 가르치고 있다.

그렇다면 이 두 개의 단어, 즉 "*미쁘시고 또 의로우사 (faithful and just)*"라는 단어는 어떻게 작용하는 것일까? 이 두 개의 단어가 단 한 번의 정당한 지불, 다시는 반복될 필요가 없는 십자가의 해결을 우리에게 적용시켜주는 방법을 살펴보자. 만일 그리스도께서 십자가에서 우리 죄들의 문제를 정당하게 해결하지 않았다고 할 것 같으면, 그분은 보좌에서 우리를 중보하는 일도 정당하게 하실 수 없게 된다. 범죄에 대해서 피를 흘린 일이 없다면 죄를 사해달라고 간구하는 일은, 하나님께 죄를 심판하는 일 없이 그냥 눈감아달라고 요청하는 일이 된다. 그런 일은 영원히 있을 수 없다. 결코 불가능한 일이다! 하지만 그리스도께서 "단번에 죄들을 위하여(for sins) 죽으사 의인으로서 불의한 자를 대신하셨으니 이는 우리를 하나님 앞으로 인도하려는" 것이라면(벧전 3:18), 그렇다면 우리가 자백하는 순간, 하나님은 "미쁘시고 의로우사" 우리의 죄들을 사하는 일을 하신다.

아! 안타까운 사실은 회복에 도달하는 일은 종종 느리게 진행된다는 점이다. 스스로 자신을 성찰하지 않고 자백하지 않은 죄는 마음 속에 영적으로 무감각한 마음을 조성한다. 그런 경우 하나님은 참된 회복을 위해서 그 사람을 명백하게 다루시지만, 숨김없이 정직하게 자백하는 대신 기만적인 침묵으로 일관할 수 있다. 그렇다면 다윗의 경우와 같은 일이 일어날 수 있다. 다윗이 경험한 뼈아픈 일에 대해서 살펴보자.

"내가 입을 열지 아니할 때에 종일 신음하므로 내 뼈가 쇠하였도다 주의 손이 주야로 나를 누르시오니 내 진액이 빠져서 여름 가뭄에 마름 같이 되었나이다." (시 32편 3,4절)

다윗은 열이 올랐다 내렸다 하는 열병환자와 같이 되었고, 겉으론 온갖 가식적인 행동을 했지만, 결코 영혼의 안식을 누릴 수 없었다.

다윗의 쉼없는 상태나, 그때 이후로 많은 성도들의 쉼없는 상태는 스스로 자신을 살피지 않고, 자백하지 않고, 숨기고 있는 비밀이 있기 때문이 아니겠는가? 그러나 마침내 마음을 열고 또 입술을 열어 자백하게 되면, 완전하고도 값없이 베풀어지는 죄 사함이 주어질 것이다!

"내가 이르기를 내 허물을 여호와께 자복하리라 하고 주께 내 죄를 아뢰고 내 죄악을 숨기지 아니하였더니 곧 주께서 내 죄악을 사하셨나이다."(시 32:5)

그렇다. 죄를 지은 신자가 하나님과의 관계를 회복하고 또 영혼의 회복을 받는 길은 입을 열어 자백하는 것이다. 그때 하나님은 우리가 지은 죄들을, 고범죄 또는 자범죄를 용서하시고, 다시 친밀한 관계 회복을 위한 죄 사함의 은총을 베풀어주신다.

3. 치리적 죄 사함

일반적으로 그리스도인들은 자기 백성을 통치하시는 하나님의 섭리에 대해선 많이 들어보았지만, 통치를 통한 죄 사함 또는 치리적 죄 사함에 대해선 거의 들어보지 않았을 것이다. 그럼에도 하나님의 거룩한 말씀의 여러 페이지들과 모든 시대 하나님의 백성들의 역사를 살펴보면 치리적 죄 사함의 내용들이 분명히 교훈되고 있는 것을 볼 수 있다.

하나님의 통치개념을 이해하지 못한다면, 우리는 통치적 죄 사함의 의미를 이해하는데 많은 어려움을 겪을 수 있다. 따라서 우리는 이 주제를 반드시 이해할 필요가 있기에, 우선적으로 하나님의 통치에 대해서 간략하게 살펴보고자 한다.

갈라디아서 6장 7-9절을 보자. 여기엔 대원칙이 나타나 있다.

"스스로 속이지 말라 하나님은 업신여김을 받지 아니하시나니 **사람이 무엇으로 심든지 그대로 거두리라** 자기의 육체를 위하여 심는 자는 육체로부터 썩어질 것을 거두고 성령을 위하여 심는 자는 성령으로부터 영생을 거두리라 우리가 선을 행하되 낙심하지 말지니 포기하지 아니하면 때가 이르매 거두리라."

이 구절 속엔 이 세상에서 우리가 행하는 모든 행실에 따르는 분명한 결과들이 소개되어 있다. 하나님은 이러한 원칙들을 자기 백성들에게 뿐만 아니라 어둠의 자식들에게도 적용시키신다. 그러므로 사람이 무엇으로 심든지 그대로 거두는 것이다.

이 원리는 사람을 통치하시는 하나님의 섭리의 역사를 보면, 모든 역사적 기록 속에 확실하게 설정된 원리이며, **은혜와는 구분되면서도 함께 가는 원리**다. 구속을 받은 사람은 하나님의 은혜를 만끽하며 살기도 하지만, 동시에 하나님의 백성으로서 통치의 대상으로 살아간다. 게다가 하나님은 통치의 섭리를 통해서, 육체로 심은 일을 육체적으로 썩어진 것을 거두게 하기도 하시지만, 결과적으로 은혜로 결말을 맺게 하신다.

다시 말해서 통치의 문제라면, 죄를 자백하기만 하면, 죄는 죄의 결국인 사망으로 끝나는 것이 아니라 사하심을 받음으로써 문제가 해결될 것이란 사실을 독자들이 제대로 이해하기만 한다면, 은혜와 통치 사이의 차이점을 보다 선명하게 이해하게 될 것이다.

누군가 "그렇지만 당신은 방금 죄 문제가 영원히 해

결되었다고 우리에게 말해주지 않았나요!"라고 말할 것이다. 그렇다. 죄에 대한 하나님의 심판문제는 해결되었기에, 자백한 죄는 십자가에서 예수님께서 "다 이루었다! 또는 다 갚았다!"고 말씀하셨을 때, 다 해결되었다. 다시 말해서 우리가 죄를 짓기도 전에 다 갚아진 것이다. 하지만 이제 두 번째로 하나님과의 친밀한 관계를 누리는 측면을 생각해보자. 우리가 상실한 마음으로, 정직하게 죄를 자백하는 순간 관계는 회복된다. 하지만 항상 기억해야 할 것은, 어떤 의미에선 이 문제가 하나님의 통치와 연관되어 있기에, 꼭 이렇게 풀리는 것은 아니라는 점이다.

이 원리는 성경 전체를 관통하고 있다. 이는 인간 역사의 모든 페이지마다, 그것이 거룩한 역사든 아니면 부끄러운 역사든 간에, 선명하게 새겨져 있다. 이런 사례는 여러 나라들의 역사 속에 얽히고 설켜 있다. 여러 가족들과 개인사에도 그 흔적으로 얼룩져있다. 회의론자들로 하여금 자신들은 그렇지 않다고 마음껏 호기를 부리게 해보라. 하지만 그들의 역사에도 예외가 없음을 발견하게 될 것이다.

그리스도의 죽음 이후, 유대인들의 역사를 예로 들어보자. 그들은 그처럼 중요한 순간에, 그리스도 대신 "강도"를 선택했다. "가이사 외에는 우리에게 왕이 없나이다"(요 19:15)라는 것이 그들의 외침이었다. "그를 십자가에 못 박게 하소서." 그들은 참 메시아를 십자가에 못 박았다. 그 이후 이 세상의 "가이사들"은 그들을 어떻게 대했는가?

아도니 베섹은 가나안 족속의 왕들 가운데 한 사람이었다. 유다와 시므온의 연합군은 전쟁을 일으켜 그를 쳤고, 그를 포로로 사로잡았으며, 그의 엄지손가락과 엄지 발가락을 잘랐다. 이는 매우 심한 처사로 보였지만, 그렇게 한 일은 하나님의 통치와 연결되어 있었다. 아도니 베섹은 그가 심은 대로 거두었을 뿐이며, 그는 자신의 입술로 그 사실을 고백했다. 그가 말한 것을 주목해보자.

"옛적에 칠십 명의 왕들이 그들의 엄지손가락과 엄지발가락이 잘리고 내 상 아래에서 먹을 것을 줍더니 하나님이 내가 행한 대로 내게 갚으심이로다."(삿 1:7)

야곱은 어머니의 선동에 의해서 염소 새끼를 잡고, 아버지에게 별미와 떡을 만들어드림으로써 기쁘게 해드렸다. 그리고 그는 염소 새끼의 가죽을 자신의 손과 목에 입힘으로써 아버지를 속였다. 그리고 나서 두 번째 속이는 일을 했다. 실제적인 이유는 에서의 분노를 피하기 위한 것이긴 했지만, 아내를 얻으려 한다는 미명하에 서둘러 고향을 떠나갔다. 이제 우선적으로 야곱의 어머니가 행한 대로 거두는 것을 살펴보자. 자기 오라버니 라반에게로 피신하여 "몇 날 동안 그와 함께 거주하라"던 야곱의 어머니 리브가의 계획은 거의 20년이나 걸렸고, 성경의 기록을 볼 때 그녀는 자신이 사랑하는 야곱을 자기 눈으로 다시는 볼 수 없었다. 야곱이 라반에게 갔을 때, 그는 즉시 자신이 뿌린 것을 그대로 거두어야만 했다. 라반은 라헬을 그에게 주겠다는 약속을 했지만, 야곱을 속였다. 야곱은 시력의 어둠을 이용해서 자기 아버지 이삭을 속임으로써 자신의 이익을 챙기고자 했다면, 이제 라반은 밤의 어둠을 이용해서 야곱을 속임으로써 자신의 이익을 챙기고자 했다.

어쩌면 이렇게 뿌린 대로 거두는 일이 속히 일어나지 않을 수도 있다. 야곱의 경우를 생각해보자. 야곱이 염소 새끼를 죽이고, 그것으로 자기 아버지를 속이는 일을 한 후 많은 세월이 흘렀다. 하지만 마침내 자신의 아들들이 염소 새끼를 죽이고 요셉의 옷에 그 피를 적시고, 그것으로 그를 속이는 일이 일어났다!

다윗은 두 가지 심각한 범죄를 저지름으로써 자신의 명예에 오점을 남겼고, 자신의 왕좌를 잃어버렸다. 그는 자신의 가장 충성스러운 신하들 가운데 한 사람의 아내와 간음하는 죄를 저질렀고, 그리고 나서 자신의 범죄를 은폐하고자, 아무 것도 모르는 그녀의 남편을 죽음으로 내모는 계획을 세웠다.

다윗은 그저 무심한 듯 1년을 보냈다. 하지만 다윗의 하나님도 과연 무심하셨을까? 충성스러운 나단 선지자는 범죄한 왕에게로 보내심을 받았다. 작은 암양 새끼 한 마리를 잡아 죽인 서글픈 이야기를 듣자마자 다윗은 그 사람을 향해 대단히 분노했다. 그리곤 "여호와의 살아 계심을 두고 맹세하노니 이 일을 행한 그 사람은 마땅히 죽을 자라 그가 불쌍히 여기지 아니하고 이런 일을 행하였으니 그 양 새끼를 네 배나 갚아 주어야 하리라"(삼하 12:5)고 말했다. 이것은 우리에게 다른 사람의 결함에 대해서 우리가 얼마나 쉽게 분개하며, 또 우리 자신의 결함에 대해선 얼마나 놀랍도록 너그러운지를 잘 보여준다! 만일 우리가 하나님의 치리(통치)를 좀 더 생각하기만 한다면, 분명 우리는 다른 사람들을 향해 더욱 관용하고 너그러운 사람이 될 것이다. 사실 "너희가 비판하는 그 비판으로 너희가 비판을 받을 것이요 너희가 헤아리는 그 헤아림으로 너희가 헤아림을 받을 것이니라"(마 7:2)는 구절은 하나님의 통치의 원리 중 하나를 표현하고 있다. 그리고 하나님은 "긍휼을 행하지 아니하는 자에게는 긍휼 없는 심판이 있으리라"(약 2:13)고 말씀하셨다. 다윗은 사실상 죽음을 선고했다. 그리고 하나님은 그것을 성실하게 수행하셨다.

  우선, 밧세바의 아들이 죽었다. 이렇게 양 한 마리가 희생되었다! 이어서 다윗은 자신의 두 아들에게서 재생산된 자신의 죄를 보았다. 암논에 의해서 저질러진 근친상간의 죄는 압살롬에 의한 살인죄를 불러왔다. 이렇게 또 다른 양이 희생된 것이다! 이어서 압살롬은 요압의 단검에 의해서 죽임을 당했다. 세 번째 양이 희생되었다! 또 다른 양이 남아 있었고, 다윗은 그를 통해서 이중적인 방식으로 심은 대로 거두는 모습을 볼 수 있다. 아도니야는 분명 준수한 인물의 청년이었고, 아버지의 총애를 받았다. 다윗은 자기 가족을 돌보고, 자녀들을 훈육하는 일을 소홀히 한 것으로 보인다. 왜냐하면 우리는 "그의 아버지가 네가 어찌하여 그리 하였느냐고 하는 말로 한 번도 그를 섭섭하게 한 일이 없었더라"(왕상 1:6)는 구절을 읽을 수 있기 때문이다. 만일 한 집안의 머리인 아버지가 적절한 권위를 행사하지 못한다면, 다른 어느 누구도 통솔력을 발휘할 수 없음을 우리는 확실히 알고 있다. 이것은 참으로 슬픈 일이지만, 다윗의 집에서 일어난 일이었다. 아도니야는 자기 아버지가 죽기도 전에 "내가 왕이 되리라"(왕상 1:5)고 말했다. 이 얼마나 중차대한 일인가? 그 결과 (밧세바의 아들인) 솔로몬의 명으로 다윗의 네 번째 양이 칼에 의해서 죽임을 당했다!

 이 모든 일을 겪은 다윗의 마음은 과연 얼마나 찢어질 듯 아팠을까! 그는 적어도 네 명의 아들 중 세 명이 칼로 죽임을 당하는 것을 살아서 보았고, 그가 죽자 얼마 안 가 네 번째 아들도 죽임을 당했다. 어쩌면 우리가 육체를 위하여 심은 일 때문에 육체로부터 썩어질 것을 거두는 일 가운데 가장 슬프고도 애통한 일은 바로 우리 자신의 가족들에게서 그 대가를 거두는 일일 것이다.

하나님이 자기 백성들을 통치하시고 또 치리하신다는 진리는 우리 가운데 누구도 견디기 힘든 일일 수밖에 없다. 그럼에도 이 일은 그저 통치의 수장으로서(as the Head of government) 무자비하게 진행되는 일이라기보다는, 분명한 조건 아래서 우리가 육체를 위하여 심은 일의 결과를 완화시키고 또 경감시키려는 하나님의 주권적인 자비 아래서 이루어지는 하나님의 통치의 일환이다. 다시 말해서 통치적인 죄 사함을 주기 위한 것이다.

우리는 야고보서 5장 15절에서 병든 사람을 위하여 기도할 때 죄를 사하시는 경우를 통해서 통치적 죄 사함의 사례를 볼 수 있다. 여기서 우리는 죄들의 사함과 건강 회복이 함께 가는 것을 눈여겨보아야 한다. 다시 말해서, 여기 이 구절은 결코 구속을 위한 죄 사함을 말하고 있지 않다. 왜냐하면 이미 살펴보았지만, 다른 사람을 위해서 빌어주는 "믿음의 기도"가 영혼 구원을 위한 죄 사함을 가져다줄 수 없기 때문이다. 구속을 위한 죄 사함은 오로지 개인적으로 예수의 보배로운 피를 믿는 믿음을 행사할 때에만 주어진다. 게다가 이것은 성찬을 나누기 위한 죄 사함도 아니다. 왜냐하면 그 사람과 교회의 장로들 사이의 마음을 통하는 교제가 일어난 후, 질병의 치유와 죄 사함이 일어났기 때문이다.

이제 마가복음 11장 25,26절로 가보자.
"서서 기도할 때에 아무에게나 혐의가 있거든 용서하라 그리하여야 하늘에 계신 너희 아버지께서도 너희 허물을 사하여 주시리라 만일 너희가 용서하지 않는다면 하늘에 계신 너희 아버지께서도 너희의 허물을 사하여 주시지 않으시리라." (다비역 직역, 우리 성경엔 26절이 없음)

이 구절은 다음 세상을 위한 우리의 구원에 대한 것이 아니라, 다만 이 세상에서 우리에 대한 하나님의 통치적 다루심에 대한 것이다. 이러한 통치적 죄 사함은 "그를 믿는 사람들이 다 그의 이름을 힘입어 죄 사함을 받는다 하였느니라"(행 10:43)는 영원한 죄 사함과는 얼마나 다른지를 생각해보라. 또한 "만일 우리가 우리 죄들을 자백하면 그는 미쁘시고 의로우사 우리 죄들을 사하신다"(요일 1:9)는 신자의 회복을 위한 죄 사함과도 얼마나 다른지를 직접 느껴보라.

이것과 연결해서 마태복음 18장 끝부분에 소개되어 있는 비유로 가보면, 거기서 우리는 주님이 통치적 죄 사함을 직접 설명하고 계신 것을 볼 수 있다. (통치의 수장으로서) 한 왕과 여러 종들이 결산하고자 등장한다. 한 사람은 왕에게서 만 달란트 빚을 졌는데, 우리 돈으로 환산하면 90억 원* 정도 된다. 갚으라는 요구를 받았을 때 그는 갚을 것이 없었기에, 그 종의 주인은 그 몸과 아내와 자식들과 모든 소유를 다 팔아 갚으라고 했다. (여기서 주목해야 할 부분은 통치적 차원에선 그 사람과 그 사람의 가족이 서로 묶여 있다는 점이다.) 그 종은 엎드려 절하며, 갚으라는 요구의 공정성을 인정했으며 또한 거기에 복종하면서, 자신에게 갚을 여력이 생기는 대로 즉시 갚겠노라고 말했다. 그러자 그 말에 근거해서 모든 빚을 다 탕감 받게 되었다. 하지만 그는 자기에게 백 데나리온, 즉 우리 돈으로 환산하면 14,000원** 정도 되는 돈을 빚진, 자신이 탕감 받은 금액에 비하면 정말 작은 금액을 빚진 동료를 만났다. 그 동료는 90억 원을 탕감 받은 사람이 자기 주인에게 했던 것처럼 땅바닥에 엎드려 사정을 했지만, 결과는 달랐다. 이 채권자는 빚을 갚으라고 요구하면서, 왕이 자신에게 했던 것과는

---

* 저자는 9백만 달러로 표기했다.

** 저자는 14달러로 표기했다.

달리 채무자를 대했다. 그는 손을 들어 "목을 잡고 … 빚을 갚으라"(28절)고 요구했고, 결국에는 "빚을 갚도록 옥에 가두었다."(29절) 이제 왕께서 이 소식을 듣고 격노하였고, 그를 자기 앞으로 불러다가 그의 엄청난 빚을 탕감하여 준 일과 그가 받은 완전한 죄 사함을 상기시켰다. 그리고 자비심이 없는 그에게 그가 진 빚 전부를 다 갚도록 했다.

그리고 나서 주님은 이렇게 첨언하셨다.
"너희가 각각 마음으로부터 형제를 용서하지 아니하면 나의 하늘 아버지께서도 너희에게 이와 같이 하시리라."(35절)

우리가 은혜 아래 있고 또 피를 통해서 이루어진 영원한 죄 사함을 안다고 해서 과연 위험이 없는 것일까? 과연 통치하시는 하나님의 섭리와 주님이 여기서 이처럼 분명하게 말씀하시는 통치적 죄 사함의 측면을 무시해도 되는 것일까?

  그렇다면 하나님은 이러한 사례들을 통해서 우리가 배우길 원하시는 것이 무엇이겠는가? 만일 우리 자신의 과거 역사가 하나님 쪽에서 자비와 통치적 용납하심의 필요성을 필요로 하고, 또 만일 우리가 그런 하나님의 손길을 기대한다면, 우리는 다른 사람들에게 동일한 태도를 나타내야만 한다. 아! 우리는 대의를 위한다는 이유로 혹 다른 사람들을 향해 우리 마음을 부싯돌처럼 단단하게, 때로는 날카롭게 세우고 있지는 않은가. 우리는 악에 대해서 느슨한 마음을 가져서도 안된다. 만일 한 형제가 우리에게 죄를 지었다면, 하나님은 우리가 그 악을 그냥 덮어 두거나 또는 어떤 식으로든 못 본 체 하길 바라지 않으신다. 그럼에도 우리는 용서하지 않는 정신을 경계해야 한다. 우리는 우리 형제를 찾아가, 그의 양심을 일깨우는 일을 해야 한다. 주님은 참으로 단순하게 "만일 네 형제가 죄를 범하거든 경계하고 회개하거든 용서하라"(눅 17:3)고 말씀하셨고, "너희의 헤아리는 그 헤아림으로 너희가 헤아림을 받을 것이니라"(마 7:2)는 사실 또한 항상 기억하도록 하셨다.

"귀를 막아 가난한 자의 부르짖는 소리를 듣지 아니하면 자기의 부르짖을 때에도 들을 자가 없으리라."(잠 21:13)

"자비한 자에게는 주의 자비하심을 나타내시며 완전한 자에게는 주의 완전하심을 보이시며 깨끗한 자에게는 주의 깨끗하심을 보이시며 사특한 자에게는 주의 거스리심을 보이시리이다."(삼하 22:26,27)

만일 이 구절들이 하나님 은혜의 섭리를 말하는 것이 아니라면, 이 구절들은 우리가 무시해서는 결코 아니 될 하나님의 통치의 원칙들을 말하고 있는 것이 분명하다. 거기에 더하여 하나님이 야곱에게 자비를 베푸신 것을 볼 때, 우리 영혼은 새로워지는 것을 느낄 뿐만 아니라 마음의 격려를 받게 될 것이다.

 만일 당신이 야곱에게 그의 여러 아들들이 성장할 때, 그의 마음 속 두 가지 가장 큰 열망이 무엇이었는지를 물어본다면, 그는 아마도 "나는 나의 모든 자녀들이 노년에 얻은 어린 요셉, 채색옷을 지어 입힌 요셉을 잘 돌보아주길 바라고, 또 요셉이 다른 형제들 보다 더 크게 되기를 바란다"고 대답했을 것이다.

 그런 그에게 닥친 일이 얼마나 충격적이었는지를 아는 당신은 "글쎄요. 야곱이여. 하나님은 당신의 생애 가운데 최악의 일 두 가지가 일어나도록 허락하실 것이고, 당신의 이런 바램들은 당신의 생각과는 다르게 이루어질 것입니다. 당신이 결코 예상치 못한 방식으로 그 일은 일어날 것입니다"라고 말하고 싶을 것이다. 그렇다. 그가 한 일은 요셉을 잃는 것 외에 무슨 결과를 낳았는가? 하지만 그 후에 기근이 왔고, 남은 가족들은 다 굶어 죽을 위기에 처하게 되었다. 어찌 보면 야곱이 요셉을 잃지 않았다면, 요셉은 결코 이집트 최고의 자리에 오르지 못했을 것이다. 요셉이 높은 자리에 올랐기 때문에, 야곱은 기근을 피할 수 있었다. 이 모든 일은, 야곱이 이전에 수년 동안 뿌린 것을 거두고 또 그가 요셉의 비밀스러운 부재의 비밀에 대해서 속임을 당한 일을 연결해서 생각해볼 때, 참으로 아름다운 결말임에 틀림없다.

4. 죄 사함의 측면들의 비교

이처럼 중요한 주제를 마치기 전에, 독자들에게 한 가지 이야기를 해드리고, 이 세 가지 죄 사함의 특징들을 서로 비교해서 살펴보는 시간을 갖고자 한다. 이를 통해서 우리는 많은 유익을 얻게 될 것이다.

대가족을 둔 아버지가 있었다. 그는 자기 아들들이 올곧은 사람으로 자라길 바라면서, 분명한 원칙을 가지고 자녀들을 훈육하고 싶어했다. 마침 그 집 옆에는 폐쇄된 공원이 있었기에, 그는 자기 자녀들이 거기서만 놀기를 바랬고, 자녀들에게도 신신당부를 했다. 그러던 어느 날 저녁, 경찰이 그의 집에 찾아왔다. 경찰관은 그의 아들 월터가 돌을 던져, 식료품 가게의 유리창을 깼다고 말해주었다. 소년 월터를 찾아보았지만, 그는 다른 형제들과 함께 공원이 있지 않았다. 아버지는 자기 아들을 걱정하는 마음이 생겼고, 두려운 생각마저 들었다. 그는 경찰관과 함께 식료품 가게로 갔다. 그리고 자기 아들이 던져서 유리창을 깬 돌멩이를 찾았다. 많은 사람들이 그가 돌을 던져 유리창을 깬 것을 목격했고, 그렇게 증언했다. 식료품 가게 주인은 손해에 대한 완전한 보상을 해줄 것을 요구했으며, 아니면 그 소년을 법정에 세우겠다고 주장했다.

"전체 손해를 보상하려면 얼마를 내면 되겠습니까?" 걱정으로 가득한 마음으로 아버지가 물었다. 손해 금액이 정해졌고, 곧 바로 변상이 이루어졌다. 아버지는 영수증을 받았고, 집으로 돌아왔다.

그렇다면 이제 생각해보자. 이제 과연 누가 그 소년을 그가 저지른 범죄를 처벌하고자 법정에 세울 수 있는가? 아무도 없다. 단번에 완전한 배상이 이루어졌기에,

그 일은 해결되었다. 주 예수 그리스도를 믿는 신자들의 죄 문제도 이렇듯 단번에 완전한 배상이 이루어졌다.

어느 찬송가의 가사는 이것을 잘 표현해주고 있다.

"죄를 지은 죄인은
하나님은 잊지 않으신다는 사실에 두려움을 느낀다.
하지만 단번에 영원히 죄들이 갚아진 것을 믿는 자는
하나님은 더 이상 빚을 기억치 않으신다는
사실에 안심한다.

그 무엇으로도 우리에게 자유를 줄 수 없었고,
우리 영혼을 죄의 속박에서 풀어 줄 수 없었을 때,
주 예수의 십자가의 보혈만이
완전한 사면을 가져다주었다."

다른 찬송가는 이렇게 노래한다.

"만일 그가 나의 죄책을 감당하셨고,
나의 자리에서 대신 죗값을 치루셨으며,
하나님의 진노를 대신 받으셨다면,
하나님은 또 다시 죗값을 요구하지 않으신다.
나의 구주께서 자신의 피로써 단번에 갚으셨을진대,
또 다시 나에게 요구하지 않으신다."

이제 앞의 이야기로 돌아가자. 아버지와 잘못을 저지른 아들은 아직 문제를 해결하지 않았다. 둘 사이의 부자관계는 여전하지만, 그들 간에 실제적인 교제는 없는 상태다. 집으로 돌아가는 길에 아버지는 자신이 사랑하는 아들이 저지른 일에 대해서 고통스러운 의무를 수행해야 한다는 생각을 했다. 그는 생각하기를, 아버지로서 아들이 저지른 행위를 그냥 묵과하기 보다는 따끔하게 혼을 내주어야 하며, 고의적인 행동을 한 것처럼 다루어야 한다고 생각했다. 그래서 아들에게 자신이 허락하지 않은 한, 다시는 밤에 밖으로 나가 놀지 말도록 엄히 말하면서 자기 방에 들어가도록 했다.

그때 그의 동생이 그 아버지에게 와서, 월터를 볼 수 있느냐고 물었다. 그래서 그 아들은 내려왔고, 엄청 슬프게 울면서 자초지종을 다 설명했다. 그리고 흐느끼며 울던 그 아이는 아버지를 바라보며, "아버지, 사실 저를 가장 슬프게 한 것은 제가 아버지께 여러 번 불순종했다는 거예요. 저를 용서해주시겠어요?"라고 말했다.

그 아버지는 자기 아들이 자신이 불순종한 일에 대해 자신을 자책하고 있음을 보면서, 사랑 어린 훈계의 말을 해주었고, 진심으로 용서한다는 말로 위로를 해주었다. 이로써 둘 사이의 교제 또한 회복되었다. 이런 것이 그리스도인의 경우, 회복을 위한 죄 사함이다.

그 다음날 저녁이 되고, 다른 자녀들은 저녁 식사를 마치고 평상시처럼 공원에 나가 놀 준비를 하고 있었다. 월터는 자기도 나가 놀아도 되는지 물었다.

"안된다. 아들아."

"하지만 아버지. 아버지께서는 저를 용서해주셨잖아요!"

"그래. 나는 너를 이미 용서했단다. 그렇다면 너는 죄 사함을 받지 않았다고 생각하니? 식료품 주인이나 경찰관이 오늘 너를 잡으러 왔니?"

"아닙니다. 아버지."

"어째서 그렇지?"

"왜냐하면 제가 돌을 던져 유리창을 깨버린 것에 대한 모든 변상을 아버지께서 다 하셨기 때문이지요."

"그렇다면 너는 죄 용서(죄 사함)를 받았단다. 게다가 오늘 평상시처럼 너는 내게 아침인사를 하지 않았니? 평상시처럼 너는 네 자리에 앉아 밥을 먹었고, 최고의 자녀처럼 행동하지 않았느냐?"

"네 그랬습니다. 아버지."

"내가 너를 냉대했거나, 평상시와는 다르게 너를 대한 게 있느냐? 심지어 지난 밤 일어난 슬픈 사건을 또다시 언급하는 것을 들었느냐?"

"아뇨. 없습니다."

그러자 그 아버지는 계속해서 말을 이어갔다.

"우리의 관계는 지난 밤에 회복되었단다. 하지만 나는 아버지로서 가정을 잘 다스릴 책임이 있고, 그런 일을 가볍게 여기는 일이 없도록 해야 한단다. 이건 너 자신을 위한 일일 뿐만 아니라, 너의 동생들을 위한 일이기도 하단다. 이런 이유 때문에, 너는 오늘 밤 밖에 나가서 놀 수 없단다."

처음에 이 가련한 소년은 안달을 했고 또 뿌루퉁해 있었다. 하지만 아버지는 확고하게, 그리고 온유하게, 그가 집 밖으로 나가 놀 수 없다는 뜻을 꺾지 않았다. 아이는 곧 진정되었고, 숙제를 하기 시작했다. 집안을 다스리는 자기 아버지의 손에 순복했고, 그렇게 몇날며칠 밤을 보내면서 순종하는 자녀로서 배워야 할 교훈을 배웠다. 그렇게 몇 주가 흘렀을 때, 학교 선생님은 그가 그의 학급에서 최고의 성적을 거두었다는 소식을 전했다.

그 다음날 저녁, 아버지는 "이제 되었다. 내 아들아. 이제 나가놀아도 된다"라고 말했다. 그는 자기 아들이 부모의 권위와 다스림에 복종하게 되었을 뿐만 아니라, 이 모든 일을 통해서 큰 유익을 얻은 사람(positive gainer)이 되는 것을 볼 수 있었다. 이로써 그는 통치적인 죄 사함을 받았다.

우리의 경우도 같다. 성령을 통한 아버지와 아들과의 사귐을 회복하는 것으로 충분하지 않다. 우리는 반드시 통치하시는 하나님의 손에 순복하는 데까지 이르러야 한다. 우리는 "하나님의 능하신 손 아래서 겸손하라 때가 되면 너희를 높이시리라"(벧전 5:6)는 부르심을 받았다. 우리는 이 세상을 살아가는 동안 "나그네로 있을 때를 두려움으로 지내야" 한다. 왜냐하면 우리는 "외모로 보시지 않고 각 사람의 행위대로 판단하시는 자를 아버지라 부르는"(벧전 1:17) 존재이기 때문이다. 이러한 두려움은 노예적인 두려움이 아니다. 이는 우리가 우리 염려를 다 주께 맡겨 버리면, 주께서 우리의 모든 필요를 다 돌보아 주시기 때문이다(벧전 5:7).

주님은 우리가 하나님의 자녀답게 처신을 바르게 하길 바라시며, 죄를 짓고 또 자백하고, 죄를 짓고 또 자백하기만 하면 다 된다는 식의 기만적인 사탄의 속임수에 빠지지 않기를 바라신다. 우리는 우리 하나님이 "소멸하는 불"(히 12:29)이심을 항상 기억해야 한다.

   예수의 흘리신 피가 영원한 죄 사함을 보장하긴 하지만, 그리스도의 중보가 우리의 회복을 보증하긴 하지만, 그럼에도 하나님은 우리가 죄를 지었을 때, 아무 징계도 없이 그냥 넘어가는 일을 허락하신 일이 없다. 우리가 확신해도 좋은 것은, 우리가 죄를 짓는다면 하나님은 조만간 그분의 통치하시는 매운 손길을 느끼게 해주실 것이다. 하지만 그 때문에 그리 고민할 필요는 없다. 그것은 하나님의 능하신 손길이기 때문이다. 그렇다. 하나님의 능하신 손길 뒤에는 하나님의 강력한 사랑이 있다는 사실을 결코 잊지 말자. 하나님의 통치하시는 손에 대한 생각이 하나님의 은혜로우신 마음에 대한 생각을 가리는 일이 없게 하자. 뿐만 아니라 하나님의 은혜를 아는 지식을 빙자해서, 방탕한 삶과 세속적인 삶을 사는 거짓된 자유를 꿈꾸지도 말자. 그런 삶을 살아가면서도, 은혜로우신 하나님께서 눈 감아 주실 거라고 스스로를 위로하며 계속해서 자신을 속이는 일을 하지 말자.

우리는 어쩌면 우리가 뿌린 것을 금세 거두지 않을 수도 있다. 하지만 분명한 것은, 우리 영혼은 다른 사람에게 털어놓을 수도 없고 말할 수도 없는 고통과 시련을 당할 것이며, 반드시 뿌린 대로 거둘 것이다. 의심의 여지없이, 내적인 고통은 깊어만 갈 것이고, 외적인 충격은 더욱 가해질 것이다. 이렇게 하나님의 통치하시는 과정 속으로 들어가게 되면, 예외 없이 "외모로 보시지 않고 각 사람의 행위대로 판단하시는"(벧전 1:7) 하나님을 대면하게 될 것이다.

주께서 모든 독자들에게 풍성한 복을 내려주시고, 우리 영혼 속에 그분의 거룩성과 사랑을 아는 감각을 깊게 해주시길 바란다. 그렇게 되면 우리는 우리의 본향에 들어가는 날까지, 하나님 앞에서 더욱 경건한 삶을 살아가게 될 것이고, 더욱 하나님께 가까이 나아가 친밀한 사귐의 삶을 살게 될 것이며, 더욱 진실한 마음으로 하나님을 섬기게 될 것이다.

"우리가 알거니와 우리 옛 사람이
예수와 함께 십자가에 못 박힌 것은
죄의 몸이 멸하여
다시는 우리가 죄에게 종 노릇 하지 아니하려 함이니
이는 죽은 자가 죄에서 벗어나 의롭다 하심을 얻었음이라."
(롬 6:6,7)

제 2장 죄로부터의 자유란 무엇인가?

Freedom from Sin : What is it?

죄악된 본성(a sinful nature)과 그 죄성으로 인해 촉발된 죄악된 행동(the sinful acts) 사이엔 엄청난 차이가 있다. 그리고 죄에 대한 치유책이 성경에 분명히 명시되어 있긴 하지만, 죄(sin, 우리 속에 자리 잡고 있는 죄성)에 대한 치료법과 죄들(sins, 죄악된 행동들)에 대한 치료법은 같지 않다. 그에 대한 예를 들어 살펴보자.

한 부자가 개와 함께 살고 있는데, 그 개는 자기에게 다가오는 사람을 무는 습성이 있다. 이렇게 무는 습성은 아주 오래된 습성이다. 개 주인은 이런 습성을 아주 싫어해서, 어떻게 해서든 고쳐주고 싶어 했다. 그런데 어느 날 이 개가 옆집 사람을 물었고, 개 주인은 엄청난 보상을 해주어야만 했다. 보상을 해주려면 자신의 전 재산을 다 내놓아야 할 판인데, 그런다고 개의 습성이 고쳐지는가? 여기서 할 수 있는 일은 그저 개선할 가망이 없음을 인정하고, 개의 생명을 끝장내는 것뿐이다.

우리가 죄로부터의 자유(freedom from sin)를 말할 때, 이것은 우리가 행하는 죄악된 행동들에 대한 것이 아니라, 우리 속에 잠재되어 있는 죄악된 본성에 대한 것임을 분명히 해두어야 한다. 게다가 그리스도인은 이 세상을 사는 동안 내주하는 죄의 존재(the presence of indwelling sin)로부터 완전히 자유롭게 되었다는 사상을 거절해야만 한다. 우리는 처음 시작부터, 어떤 사람들이 주장하는 "마지막 죄의 잔재들까지도 깨끗하게 되었다"는 사상, 즉 다시 말해서 "내주하는 죄까지도 완전히 제거되었다"는 사상은 그야말로 엄청난 속임수이며, 자신을 속이는 기만행위라는 점을 확실히 해두어야 한다.

하나님의 말씀과 사람의 생각

성경의 한 줄 말씀이, 세상 사람들의 모든 종교적 신념과 하나님의 말씀을 부인하거나 또는 말씀을 무시하는 듯한 사람들의 소위 모든 경험들을 다 합친 것보다 더 가치가 있다. 하나님이 말씀하실 때, 모든 피조물은 침묵해야 한다. 사도 요한을 통해서, 하나님은 이 주제에 대해 말씀해주셨다. 하나님이 말씀하시는 것을 우리는 잘 경청해야 한다. 하나님이 말씀하시는 언어는 매우 단순하고, 오해의 여지가 전혀 없을 정도로 분명하다.

"만일 우리가 죄(sin)* 없다 하면 스스로 속이고 또 진리가 우리 속에 있지 아니할 것이요."(요일 1:8)

여기서 우리는 두 개의 단어로 된 한 음절에 주목해야 할 필요가 있다. 즉 "스스로 속이고"라는 구절이다. 독자는 이 구절이 영적인 권위를 갖추고 있음에 주목해야 한다. 당신은 "내 속에는 죄(sin)가 없다. 마지막 죄의 잔재까지도 깨끗하게 되었다"는 사상이 이 성경 구절을

---

* 이 구절은 우리가 행동으로 지은 죄들(sins)의 문제가 아니라, 우리 속에 있는 죄(sin) 또는 죄성의 문제를 다룬다. 우리가 지은 죄들은 예수님의 피를 통해서 깨끗하게 되었다고 말할 수 있지만, 우리 속에 있는 죄(sin) 또는 죄성은 예수님의 피로 깨끗하게 되었다고 말할 수 없다. 죄(sin)는 제거되지 않고 우리 속에 남아서 우리가 사는 날 동안, 죄의 법 아래로 끌고 가는 작용을 한다. 그렇다면 어떻게 이 죄를 이기고 승리하는 삶을 살 수 있는가? 이것이 이 책의 주제다.

얼마나 훼손하고 있는지를 보고 있는가?

참으로 슬픈 일은 그런 영혼들은 속임을 당하고 있을 뿐만 아니라, 그들은 자신들이 속고 있는 것이 아니라는 사실을 입증하고자 더욱 간교한 올무에, 즉 죄가 정말 무엇인지에 대한 진리를 약화시키는 이론 속으로 더욱 깊이 빠져들어 가고 있다는 사실이다. 그런 사람들은 죄를 짓는 것이 아무 것도 아님을 과시하고자, 종종 십계명을 공개적으로 위반하는 행동을 하곤 한다. 하지만 이런 행태는 죄(sin)와 범법(transgression)을 혼동한 결과일 뿐이다.

이런 일을 함으로써 그들은 자신들이 알고 있다고 생각하는 지식의 얄팍함을 가지고 그들 자신의 마음을 그저 배반할 뿐이다. 정말 자신을 잘 아는 사람이, 과연 죄가 살금살금 기어들어오는 그토록 혐오스러운 방식들을 모른다는 것이 말이 되는가? 예를 들어보자. 당신은 나 자신보다 뛰어난 은사를 가진 형제를 향해, 과연 마음 속에서 질투와 시기심을 느껴본 적이 없는가? 그리스도인의 사역에서 긍정적이고, 상호 조화를 이루는 협력이 이루어지려면, 자신의 이익을 우선시하고 또 상호 견제하는 정신이 아니라, 즉 *나 먼저(me first)*가 아니라 무엇보다 *하나님의 뜻 먼저*가 우리의 목표가 되어야 하지 않겠는가? 그렇다면 죄들(sins) 가운데 가장 흔할 뿐만 아니라, 가장 혐오스러운 것 하나를 꼽으라고 한다면, 그것은 무엇일까? 바로 교만이다. 하지만 교만은 가장 경건한 외양을 갖추고 있다는 사실을 잊지 말라. 그렇다. 당신은 교만에 대해서 경계하는 설교를 하고, 당신이 그런 주제로 그처럼 설교를 잘했던 것에 대해서 마음 속에선 자랑스럽게 생각할 수 있다. 당신은 어쩌면 교만을 없애달라고 기도할 수도 있다. 그리고 나서 어쩌면 당신은 그토록 겸손하게 기도할 수 있었던 당신 자신에 대해 뿌듯한 마음을 가질 수 있다. 어쩌면 당신은 자신을 교만할 것이 전혀 없는 사람이라고 생각하는 교만에 빠져있을 수도 있다.

외견상 도덕적인 법을 어긴 것이 없기 때문에, 과연 이 모든 것을 그저 아무 것도 아닌 것으로 여길 수 있는가? 성경은 "여호와의 미워하시는 것 곧 그 마음에 싫어하시는 것이 육 칠 가지니 곧 교만한 눈"(잠 6:16,17)과, "미련한 자의 생각은 죄요"(잠 24:9), "믿음으로 좇아 하지 아니하는 모든 것이 죄니라"(롬 14:23), "죄는 불법이라"(요일 3:4)고 말한다. 그렇다면 죄는 주의 말씀에 절대적으로 순종하는 대신, 나 자신의 의지를 주장하고 행사하는 것이다. 그렇다면 우리는 우리 자신의 세속적인 의지와 고집을 내세워 육신적인 방식으로 행하면서도, 자신은 경건하게 행하고 있다고 스스로 결연하게 생각하고 처신할 수 있다는 사실을 항상 기억해야 한다.

죄로부터 자유를 얻는 두 가지 측면

　죄로부터 자유를 얻는 일에는 두 가지 측면이 있다. 하나는 현재적인 측면이고, 다른 하나는 미래적인 측면이다.
　1. *경험적인 자유*는 지금 우리의 것으로 누릴 수 있다.
　2. (그리스도 재림의 때에 이루어질 몸의 구속을 통해서 이루어지는) *절대적인 자유*는 광야 생활을 끝내고 안식에 들어가는 그 시점까지는 우리의 것이 될 수 없다.

　*경험적인 자유*를 통해서 우리는 *죄의 권세로부터* 자유를 얻는다.
　*절대적인 자유*를 통해서 우리는 *죄의 존재 자체로부터* 자유를 얻는다.

하지만 내주하는 죄의 존재로부터 자유를 얻음으로써 죄없는 완전을 누리는 일은 있을 수 없다. 그렇다. 이 일은 장차 그리스도께서 하늘에서 큰 호령 가운데 나타나시고, 우리의 천한 몸이 그리스도의 영광의 몸과 같은 모양으로 변화를 입는 그 날까지 이루어질 수 없다.

죄로부터 자유를 얻는데 필요한 세 가지

이제 현재적으로 죄로부터 자유를 얻는데 필요한 것에는 세 가지가 있다.

1. 법적인 행동(a judicial act)
2. 도덕적인 반응(moral exercise)
3. 여기는 믿음(the reckoning of faith)

첫 번째 법적인 행동은 하나님 쪽에서 이루어지는 일

이며, 나머지 두 개는 우리 쪽에서 이루어지는 일이다.

그럼에도 우리는, **도덕적인 반응과 법적인 행동의 차이점이 무엇인가를 분명히 알아야 한다.** 이제 소개하는 예화를 보면, 어쩌면 이에 대한 대답을 얻을 수 있을 것이다.

두 명의 밀렵꾼이 있다. 그들은 숲이 우거진 산에서 불법적인 사냥을 한다. 그 날도 어김없이 사냥 길에 나섰고, 거의 새벽이 동터올 때쯤 되니, 거대한 자루엔 짐승 여러 마리가 담겨있었다. 그런데 그 중 한 사람의 양심이 갑자기 크게 찔림을 받았다.

"우리가 하는 이 일은 불법이 아닌가? 아, 나는 참으로 불쌍한 사람이구나. 이제 이 불법적인 일을 그만두고, 사냥터를 벗어나야 해. 아침이 되면, 이 산을 지키는 사람들이 몰려올 거야. 서둘러 집으로 가자."

그의 친구는 그 말에 일말의 동정심도 내비치지 않았다. 그는 무슨 일이 일어나도, 이 즐거운 게임을 포기할 수 없다고 소리쳤다. 서로 언쟁을 격렬하게 나누는 중, 어느새 산림을 지키는 사람들이 왔고, 두 사람 모두 체포되었다.

자, 두 사람 모두 동일한 범법행위로 형을 받을 것이긴 해도, 한 사람은 이 불법적인 일에 도덕적인 책임을 느끼면서 반성을 했다. 마음으로 크게 반성하고, 자신을 정죄하기도 하고, 불법으로 포획한 짐승들에 대해선 모두 배상하겠다고 말하며 선처를 호소하면서, 그는 도덕적으로 책임을 다하는 모습을 보였다. 물론 법원의 판단에 따르면, 그는 법을 어긴 죄에 대한 형벌을 받아야 마땅하다. 그리고 그는 아무 변명도 없이 법원의 판결을 받아들였다. 그리고 법적인 선고대로 형이 집행되었다. 그가 형기를 마쳤을 때, 그는 풀려나게 되었고 자유롭게 되었다. 법의 관점에서 볼 때, 그는 한 번도 죄를 지은 일이 없는 사람처럼 *법적으로* 자유로운 사람이 되었다.

다른 사람의 경우를 보자. 그는 자신의 죄에 대한 형벌은 갚았을지 모르지만, 도덕적으로 자유롭지 못하다. 새로운 기회가 생긴다면, 그는 또 다시 밀렵에 나설 것이다. 그에겐 내적이고 도덕적인 역사는 없고, 오로지 외적인 규제뿐이다. 그래서 그는 자연스럽게 자신의 악한 습관으로, 즉 "개가 그 토하였던 것에 돌아가고 돼지가 씻었다가 더러운 구덩이에 도로" 눕는 것처럼(벧후 2:22) 옛 본성으로 돌아갈 것이다. 하지만 다른 사람의 경우를 보면, 그는 도덕적으로 또한 법적으로 자신의 책임을 다했기에, 그 사람에게선 실제적인 효력이 나타나게 될 것이다.

앞서 언급한 그리스도인 속에서 일어나는 도덕적인 반응은 하나님의 영에 의해서 하나님의 말씀이 그 영혼 속에서 작용한 결과다. 영혼 속에 이런 일이 일어나게 되면, 자신이 지은 죄들에서 깨끗케 되는 즉시, 그는 자기 속에서 꿈틀거리고 있는 죄성을 제거하고 싶어 하는 강렬한 열망을 일으킨다.

그는 이렇게 말할 수 있다. 비록 육신 안에 죄(sin)가 있긴 하지만 그 죄는 나와 상관이 없다. 만일 영적으로 깨어있지 않고, 하나님을 의지하지 않는다면, 나는 또다시 악이 활개 치고 활동하는 기회를 제공하게 될 것이다. 그럼에도 도덕적 존재로서 나의 모든 소망과 목적에 따르면, 나는 죄와의 관계를 끝냈다. 사실 죄를 없애고 싶어하는 바램은 죄와의 연결을 끊는 것으로 작용할 뿐이지만, 나로 하여금 죄와의 관계를 즉각적으로 그리고 영원히 결별하게 해준다.

그는 이제 하나님의 법적인 행동을 통해서 유익을 얻을 준비가 되었다. 자기 속에 있는 것을 제거하고픈 소망을 가지고 있던 실체가 바로 "육신 속에 있는 죄(sin in the flesh)"라는 것을 알게 되었으며, 하나님은 그것을 십자가에서 정죄해버리셨다니, 얼마나 다행인가! 그 죄에 대한 심판은 이미 이루어졌다! "하나님은 죄(for sin)를 위해 자기 아들을 죄 있는 육신의 모양으로 보내어 육신 속에 있는 죄를 정죄하는 일을 하셨던(condemned sin in the flesh)"(롬 8:3) 것이다.

그는 하나님 쪽에서 이 악의 뿌리를 심판하는 일을 이미 십자가에서 집행하셨으며, 자신을 위해 "죄가 되신(made sin)" 분을 통해서 이제는 하나님 앞에서 자신이

"죄에 대하여 죽은(died to sin)" 사람으로 살 수 있게 되었다는 사실을 배운다. 그는 *법적인 자유*를 확보하게 된 것이다. "이는 죽은 자가 죄에서 벗어나 의롭다 하심을 얻었음이라."(롬 6:7)

십자가에서 이루어진 이 법적인 행동은 믿음에 의해서 기쁘게 받아들여지게 되었고, 이로써 그는 자신을 "죄에 대하여는 죽은 자요 그리스도 예수 안에서 하나님께 대하여는 살아 있는 자로" 여길 수 있게 되었다(골 3:3, 롬 6:11).

당신에게 도덕적인 반응(*moral exercise*)이 *없다면* 자유를 갈구하지 않을 것이며, 하나님의 법적인 행동(*judicial act*)이 *없다면* 자유를 얻을 수 없다는 사실을 진정 보았는가? 이 두 가지는 자유를 실제적으로 얻는 일에 필수적인 사안이다.

죄로부터의 자유는 자신의 죄악된 본성이 뿌리째 뽑혔다거나, 아니면 그 본성이 좋은 쪽으로 개선된 결과가 아니다. 다만 하나님의 눈으로 볼 때, 심판의 칼이 자신에게 작용하여 아담의 자녀(옛 사람)와 하나님의 자녀(새 사람)로 갈라놓은 것이다. 그리곤 하나님은 "육신에 있는 죄를 정죄" 하셨다(롬 8:3). 이로써 사실상, 악의 뿌리는 여전히 그 자리에 있지만, 이제는 악을 행하는 자가 "내가 아니요 내 속에 거하는 죄" (롬 7:17)가 되는 것이다.

성경의 모형을 통해서 볼 때, 이스마엘이 아브라함의 아들이었지만 이삭이 등장한 후에는 사라와 아브라함은 여종의 아들을 쫓아내버리게 된 이야기(창 21:10-12) 만큼 죄는 더 이상 신자와는 관련이 없음을 보여주는 것은 없다.

창세기 22장을 보면, 거기서 우리는 이삭을 제단에 바치는 장면을 볼 수 있다. 여기서 매우 놀라운 사실은 하나님은 이삭을 가리켜 세 번 이상을 "네 독자(only son)"라는 표현을 사용하셨다는 점이다. 더욱 놀라운 것은 이 사건이 신약성경에 다시 기록되었을 때, 이삭에 대해서 "비유컨대 죽은 자 가운데서 도로 받은 것이니라"(히 11:19)고 했으며, 그를 여전히 "외아들"로 부르고 있다는 점이다(히 11:17). 사실상 이스마엘은 그 당시 살아있었고, 심지어 이후 거의 100년을 넘게 살았음에도 이삭은 여전히 "외아들"이었다.

어떻게 이런 일이 가능한 것일까? 이스마엘은 모형적으로 "육체를 따라 난" 사람으로서(갈 4:23), 죽은 자 가운데서 다시 살아난 사람의 모형인 이삭이 등장했을 때, 하나님은 더 이상 이스마엘을 이삭과 함께 할 수 있는 사람으로 여기지 않으셨던 것이다. 마치 이스마엘이 태어나지도 않은 사람처럼 여기셨던 것이다. 하나님은 이스마엘을 절대적으로 그리고 완전히 무시하셨다. 마찬가지로 그리스도인은 그리스도의 죽음으로 말미암아, 육신과 함께, 죄에 대하여 죽었다. 하나님 앞에서 새로운 지위(new status)에 들어온 사람으로서, 마치 전에는 육신이 존재한 일이 없는 것처럼 여길 수 있게 된 것이다. 그러므로 그리스도인은 "너희가 육신에 있지 아니하고 영에 있는"(롬 8:9) 사람이다.

하나님 앞에서 우리의 새로운 영적인 지위에 대해서 생각해보자. 우리가 육신에 있지 않다는 말이 곧 우리 육신이 행한 모든 일에 대해서 아무 책임이 없다는 뜻은 아니다. 만일 우리가 육신이 마음껏 활동하도록 내버려 둔다면, 우리는 곧 나쁜 양심을 가지게 될 것이다.

예를 들어보자. 한 고결한 여인이 나쁜 남자와 결혼을

하게 되면, 부부의 끈으로 묶이게 된다. 하지만 만일 그녀가 이혼함으로써 (만일 이런 일이 가능하다면) 자기 남편과의 관계에 대하여 죽게 되면, 그 남자와 일시적으로 같은 집에서 살 수는 있지만 그럼에도 그 사람에게서 완전히 자유롭게 된다. 그 남자는 무엇도 그녀에게 요구할 권리가 없을 뿐만 아니라, 그녀가 자신의 새로운 거처로 옮길 때, 그녀는 영원히 그 사람에게서 벗어나게 될 것이다.

이 마지막 경우를 우리에게 적용시켜보자. 우리의 새로운 거처로 옮기는 일은 영광스러운 상태에 계신 그리스도와 함께 있고자 이 세상을 떠나는 일이 될 것이며, 이로써 우리는 실제적인 자유 상태로 들어가게 될 것이고, 우리 속에 있는 죄의 존재 자체로부터 완전한 자유를 얻게 될 것이다. 하지만 그때까지 내주하는 죄로부터 절대적으로 자유롭게 되는 일은 있을 수 없다.

제 2장 죄로부터의 자유란 무엇인가

죄로부터의 자유를 경험하지 못하는 사람들

죄로부터 자유를 누리는 문제에 있어서, 이를 경험하지 못하는 신자들은 크게 두 부류로 나눌 수 있다.

첫 번째 부류는 도덕적인 반응을 보이는 단계에 들어서긴 했지만, 자신들이 *어떻게 법적으로 자유롭게 되는지에 대한 진리*를 아직 믿음으로 붙잡지 않은 사람들이다. 다시 말해서, 하나의 사실로서, 여전히 자기 속에 존재하는 죄로부터 자신들이 어떻게 하나님의 법적인 행위를 통해서, 그 죄로부터 자유롭게 되었는지를 모르는 사람들이다.

두 번째 부류는 법적인 측면에 대해선 선명하게 알지만, 별로 열망하지 않기 때문에 실제적인 측면에서 그 자유를 누릴 수 있는 도덕적인 조건에 도달하지 못한 사람들이다. 따라서 영적 자유에 대한 그들의 지식은 다만 죽은 문자에 불과하며, 오히려 더 나쁜 상태에 빠져들 수 있다. 그런 사람들에게 죄에 대한 자유를 말하는 것은 시간 낭비일 뿐이다. 그런 사람들에 대해서 솔로몬은 "미련한 자는 무지하거늘 손에 값을 가지고 지혜를 사려함은 어찜인고?"(잠 17:16)라고 말했다.

이 부류에 속한 영혼들의 실제적인 상태는, 몇몇 사람들을 제외하곤 한탄스럽기 그지없다. 그들은 교리에 대해선 모든 것을 알고 있는듯하지만, 그들은 결코 개인적으로 이 진리를 배운 적이 없다. 그들은 마음이 딱딱하고 또 자기 만족적이며, 거룩한 삶이나 또는 하나님과 친밀히 동행하는 비밀스러운 삶에 대한 목마름이 거의 없는듯하다. 그렇지만 또 한편으론 영적인 일에 시기심이 많고, 외적인 부분에 대해서 상당히 비판적으로 군다. 그들은 첫 번째 부류에 있는 많은 사람들을 교리적으로 무지한 사람들이라고 냉소적으로 대하기도 하고 또 측은하게 여기기도 한다. 하지만 사실상 그들이 비난하는 사람들이 그들보다는 영적으로 천배는 나은 사람들인 경우가 많다. 만일 그처럼 위험스러운 상태에 있는 영혼이 이 소책자를 읽는다면, 그가 속히 하나님 앞에 나아가 하나님이 보시는 그대로 자신을 바라보고, 하나님 앞에서 자신의 참 상태를 직시할 수 있기를 진심으로 기도하는 바이다. 단지 교리적으로만 아는 지식은 그가 처해 있는 정죄의 상태에서 벗어나게 해주지 못한다. 많이 알면서 냉랭한 것보다 잘 모르더라도 정직한 것이 훨씬 낫다.

우리는 이제 첫 번째 부류에 속하는 사람들, 즉 영적인 목마름을 느끼면서, 거룩한 자유에 들어가게 해주는 진리를 알고 싶어 하고 또 거룩한 삶을 통해서 열매 맺기를 열망하는 사람들에게 죄로부터 자유에 이르는 길을 열어주고자 한다.

자유의 유일한 토대, 은혜

자유의 문 바로 입구에서 볼 수 있고 또 그 문을 통과하게 되면 영광의 문들로 이어지는 그리스도인의 길마다 새겨진 매우 소중한 말씀이 있는데, 그 말씀은 바로 은혜다.

"죄가 너희를 주장하지 못하리니 이는 *너희가 법 아래에 있지 아니하고 은혜 아래에 있음이라.*" (롬 6:14)

그렇다. 율법 아래선 *자유가 없다*는 것은 너무 확실하다.

갈라디아서 4장 22-31절과 5장 1절을 보면, 율법과 은혜의 위대한 원리들이 우리 앞에 제시되어 있다. *노예생활(bondage)*과 *자유(freedom)*는 전혀 다른 별개의 원리다. 노예생활은 율법과 연결되어 있고, 자유는 은혜와 연결되어 있다. 이 구절들은 너무도 분명하게 당신이 하나님 앞에서 동시에 두 개의 토대 위에 서있을 수 없음을 보여준다. 이것 아니면 저것을 포기해야 한다. 당신은 율법 아래서 당신 자신의 공로를 전적으로 의지하거나 아니면 은혜 아래서 다른 이의 공로를 전적으로 의지하거나, 둘 중 하나만을 선택해야 한다. "여종의 아들이 자유 있는 여자의 아들과 더불어 유업을 얻지 못하리라."(갈 4:30) 율법은 당신의 연약함을 봐주거나, 당신의 악한 행동을 용서(또는 속죄)해주지 않는다. 당신은 율법의 요구를 온전히 수용하거나 아니면 율법의 저주를 조금도 경감시키지 않은 상태로 받아들여야 한다. 그럴진대 어떻게 율법이 자유를 줄 수 있겠는가? 그럴 수 없다. 율법은 "종을 낳는다."(갈 4:24) 율법의 멍에는 "종의 멍에"(갈 5:1)일 뿐이다.

이 주제를 로마서에서 제시하는 방식과 갈라디아서에서 제시하는 방식에는 차이점이 있다. 로마서 7장에서 갈등하고 있는 사람은 고통스러운 율법의 노예생활 아래서 탄식하고 있다. 그는 자유를 경험한 적이 없으며, 그런 자유가 있다는 사실 조차 모른다. 사실 여기서 그려진 모습 보다 더 비참하고, 더 절망으로 종노릇하고 있는 사람의 모습을 우리는 상상할 수 없다. 그는 자신에겐 그럴 힘이 없지만, 간절히 선을 행하고 싶어 한다. 그는 자신이 어쩔 수 없이 지속적으로 행하고 있는 그 악을 미워한다.

갈라디아서를 보면, 상황이 다르다. 그들은 은혜로 말미암아, 복음이 주는 자유의 달콤함을 맛보았다. 그들은 *자유의 성령을 받았다. 그들은 아들들에게 허락된 자유 속으로 이미 들어온 사람들이었다.* "너희가 아들이므로 하나님이 그 아들의 영을 우리 마음 가운데 보내사 아빠 아버지라 부르게 하셨느니라."(갈 4:6) "그러므로 아들이 너희를 자유롭게 하면 너희가 참으로 자유로우리라."(요 8:36)

하지만 아! 은혜의 자유를 안 이후, 이 갈라디아 사람들은 어리석게도 율법의 속박 아래로 다시 돌아갔다. 따라서 사도의 강렬한 질책은 "누가 너희를 꾀더냐?"(갈 3:1)는 것이었다. 그리고 나서 그의 간절한 부탁의 말은 "그리스도께서 우리를 자유롭게 하려고 자유를 주셨으니 그러므로 굳건하게 서서 다시는 종의 멍에를 메지 말라"(갈 5:1)는 것이었다.

율법 아래 있기 위해선, 십계명을 일주일에 한 번씩

공식적으로 암송하거나 또는 이것은 내가 실천해야 할 계명이라고 공개적으로 고백하는 일이 필요치 않다. 자신이 행한 선한 행위를 토대로, 하나님 앞에서 자신의 영혼의 상태가 왔다 갔다 하는 모든 사람은 사실상 다 율법 아래 있다.

 이 점을 좀 더 상세히 살펴보자. 율법은 *사람이 하나님을 위해서 무엇을 해야 하는지를* 말한다. 그런즉 내가 "나는 나의 거룩한 의무에 충실하지 못하기 때문에, 하나님은 나를 받아주시지 않을 것이다"라고 말하는 순간, 나는 실제론 율법의 토대 위에 있게 된다. 그런 토대 위에 있다면, 나는 다만 비참한 사람이 될 수밖에 없다. 나 자신이 진지해지면 질수록, 나의 괴로움은 더욱 커져만 갈 것이다. 왜냐하면 나 자신에 대한 실망감은 더욱 커져만 갈 것이기 때문이다. 하나님이 나 자신을 받아주실 정도로 선한 일을 하길 바라지만, 오히려 나는 더욱 나쁜 일을 행하고 있음을 보게 되며, 상황은 더욱 나빠진다.

율법은 내가 하나님을 위해 무슨 일을 해야 하는지를 말해주지만, 나는 하나님의 영광에 이르지 못할 뿐만 아니라, 심지어 내가 최선을 다했음에도 불구하고 하나님의 영광은 내게서 멀리 있다. 반면 은혜는 내가 최악의 상태에 있음에도 하나님이 나를 위해 무슨 일을 해주셨는지를 말해준다. "죄가 더한 곳에 은혜가 더욱 넘쳤나니."(롬 5:20) 어떻게 로마서에선 이처럼 공의로운 담대함이 나올 수 있는 것인가! 하나님의 임재의 빛 속에서 "*내 속 곧 내 육신에 선한 것이 거하지 아니하는 줄을 아노니*"라고 고통 가운데서 말하던 그 사람이 동일한 확신 속에서 "*그리스도 예수 안에 있는 자에게는 결코 정죄함이 없나니*"라고 말할 수 있는 것일까? 이 뿐 아니라 하나님께서는 지상에서 걷는 우리의 행실 가운데 최악의 것들을 가지고 하늘에 속한 우리를 위하여 합력하여 선을 이루도록 일하고 계신다. 그런즉 신자는 "나는 비록 선한 것을 누릴 자격은 없지만, 그럼에도 하나님은 선한 것을 나에게 주시길 주저하지 않으신다. 만일 하나님께서 나에게 여기 이 땅에선 선한 것이 없음을 보게 하셨다면, 나는 확신을 가지고 나의 마음을 세상에게서 돌이켜, 모든 좋은 것은 하늘에 있다고 말할 것이다. 하나님은 그리스도 안에서 모든 선한 것을 발견하셨고, 나 또한 내가 원하는 모든 선을 그리스도 안에서 발견했다"고 기꺼이 말할 수 있을 것이다.

내가 하나님을 위해서 하는 일에 의거해서 하나님이 나를 대우하시는 것과 하나님이 그리스도 안에서 행하신 일에 대한 계시에 의거해서 하나님이 나를 대우하시는 것은 실로 엄청난 차이가 있다. 이제 사사기로 가서 이에 대한 아름다운 예화를 살펴보자.

사사기 13장 8-23절을 보면, "기묘자(Wonderful)"란 이름을 가진 주의 천사가 하늘로서 내려와, 마노아와 그의 아내에게 하나님이 보내신 소식을 전달한다. 이에 마노아는 희생 제사를 드리고, 불꽃이 제단에서부터 하늘로 올라가는 동시에 번제와 소제의 향기가 하나님께 올라갔을 때, 천사가 그 불꽃에 휩싸여 올라가는 것을 볼 수 있다.

이 작은 사건 속에서 우리는 또 다른 그림, 곧 더 크고 위대한 그림을 볼 수 있을까? 과연 주 예수 그리스도의 복된 사명과 사역에 대한 그림을 볼 수 있는가? 그리스도는 하나님의 기쁜 소식을 사람에게 전달하고자 이 땅으로 내려오셨다. 그분의 은혜에 속한 사역이 이루어지고 또 그분의 속죄 사역이 완성되었을 때, 그분은 보배로운 제사의 향기로운 냄새와 함께 다시 하늘로 올라가셨다. 그리스도는 "아버지께서 내게 하라고 주신 일을 내가 이루어 아버지를 이 세상에서 영화롭게 하였사오니"(요 17:4)라고 말씀하실 수 있었다. 그 다음은 무슨 일이 일어났는가? 그렇다. 성령께서 영화롭게 되신 분에게서 보내심을 받아 이 세상에 오셨고, 하나님은 그리스도의 사역을 받으셨을 뿐만 아니라 또한 하나님이 만족스럽게 흠향하신 그 제사의 향기와 더불어 이제 모든 신자를 받아주신다는 말씀을 우리에게 가져오셨다. 아, 바로 이런 것이 은혜다!

다시 사사기로 돌아가 보자. 마노아는 이 모든 일을 보고나서 "우리가 하나님을 보았으니 반드시 죽으리로다"(삿 13:22)고 자기 아내에게 소리쳤다. 그의 아내는 "여호와께서 우리를 죽이려 하셨더라면 우리 손에서 번제와 소제를 받지 아니하셨을 것이요 이 모든 일을 보이지 아니하셨을 것이며 이제 이런 말씀도 우리에게 이르지 아니하셨으리이다"(23절)고 대답했다. 그들이 생각하는 것이 이렇듯 다른 점에 유의하여 보라. 마노아는 자기 중심적인 생각으로 하나님을 (아래서 위로) 생각했다. 하지만 마노아의 아내는 하나님 중심적인 생각으로 자신들을 (위에서 아래로) 생각했다.

율법은 "너는 사랑하라"고 말할 뿐이다. 하지만 은혜로 오신 주님은 "하나님이 세상을 이처럼 사랑하사"라고 말씀하신다. 하나는 사람이 무엇을 해야 하는가를 말하고, 다른 하나는 사람이 어떤 존재인지를 충분히 감안해서 하나님이 무엇을 하셨는가를 말한다. 마노아의 아내는 마치 이렇게 말한 듯하다.

"우리가 심판으로 끊어짐을 당하지 않을 이유가 두 가지입니다. 첫째는 만일 하나님께서 우리를 죽이고자 하셨다면, 하나님은 우리 손으로 드리는 제사를 받지 않으셨을 겁니다. 둘째 그럴 거라면, 우리에게 아들을 주실 것이란 하나님의 약속은 어찌되는 것인가요? 우리가 드린 번제와 소제를 받으셨다는 것은 이 일에 대한 하나님의 응답입니다. 하나님이 약속을 이루실 것이며, 그에 대한 충분한 증거를 주신 것입니다. 하나님의 말씀을 받아들이는 것은 우리의 몫입니다. 우리는 하나님의 응답을 기쁘게 받아들이고, 의심과 두려움을 즉시 떨쳐버려야 하지 않을까요? 이렇게 하는 것이 우리의 지혜입니다. 왜냐하면 그렇게 할 때에만 하나님을 존중하는 것이기 때문입니다."

우리도 마찬가지다. 우리는 하나님께서 흠 없는 제사를 받으셨다고 말할 수 있다. 전에 버림을 받으셨던 대속주이신 예수 그리스도께서 영광을 받으셨고, 그렇게 그리스도에 대한 하나님의 증거를 받아들이는 것은 우리의 몫이다. 만일 그리스도의 희생이 하나님을 만족시켜드렸다고 할 것 같으면, 그 희생이 가지고 있는 효력을 증거하시는 하나님의 증언은 우리를 충분히 만족시킨다. 이런 것이 바로 믿음이 생각하는 방식이고, 믿음으로 결론을 내는 방식이다. 이것은 그야말로 마노아의 아내의 믿음이 가장 안전한 자리에 닻을 내렸던 것과 같다.

자기 실망으로부터의 자유

그리스도를 묵상하면, 우리가 실망을 하는 일은 있을 수 없다. 가끔 실망한다는 것은, 당신이 자신을 바라보거나, 아니면 자아 중심적인 생각을 가지고 하나님을 바라보거나, 또는 하나님이 당신에게 복을 주셔야만 하는 합리적인 이유를 찾고자 자신의 마음을 살피긴 하지만 그것을 찾을 수 없기에 불안감을 느끼기 때문이다. 우리는 그리스도를 바라보며, "그리스도는 하나님이 가장 존귀하게 여기는 대상이시다. 그 뿐만 아니라, 그리스도는 나 또한 가장 존귀하게 여겨야 할 대상이다. 하나님은 그렇게 그리스도를 받으시는 것처럼 나를 그리스도 안에서 받아주신다"라고 말해야 한다. 하지만 우리가 불안감을 느낀다면, 그렇게 하는 대신, 어쩌면 우리는 그리스도에게서 고개를 돌려 우리 자신을 바라보며 자아 중심적인 신앙에 안주하기 때문일 것이다.

만일 내가 그리스도를 바라본다면, "*만족하다(Satisfied)*"라고 기쁘게 말할 것이다. 만일 내가 내 자신으로부터 무언가를 기대하고, 또 나의 육신으로부터 무언가 선한 것이 나올 것으로 기대한다면, 나는 반드시 "*실망스럽다(Disappointed)*"라고 말할 수밖에 없을 것이다. 왜냐하면 하나님은 우리 육신 속에는 선한 것이 없다고 선언하셨기 때문이다.

신자는 자기 속에 악한 본성이 자리 잡고 있음을 볼

필요가 있다. 그 악한 본성이 기승을 부리지 않기 때문에 절망과 괴로움을 충분히 겪고 있지 않을 수도 있고, 아니면 절망에 부르짖고 있을 수도 있지만, 어쨌든 당신 속에 악한 본성이 똬리를 틀고 있다는 사실을 알 필요가 있다. 신자는 당연히 그런 악을 싫어하고 또 불신할 것이다. 신자는 하나님이 친히 십자가에서 철저하게 정죄하셨고 또 영원히 제거해버리신 것을 신자가 계속 붙들고 있거나 또는 개선시키는 것을 원하지 않으신다는 것을 알고 있다. 신자는 자신이 다른 이의 생명으로 하나님 앞에 서있으며, 그래서 "이제 그리스도 예수 안에 있는 자에게는 결코 정죄함이 없음"(롬 8:1)을 알고 있다. 이 얼마나 복스러운 선언인가! 그 중요성에 대해서 더 자세히 살펴보자.

죄의 정죄로부터 자유

죄의 정죄로부터의 자유란 단순히 하나님이 우리를 정죄하지 않으실 것이란 사실을 의미하지 않는다. 물론 하나님이 우리를 정죄하지 않으신다는 것이 사실이긴 하지만, 우리에겐 사실상 정죄 자체가 없다. 붉은 암송아지가 속죄제물로서 죽임을 당했을 때, 암송아지의 피는 여호와께서 거하시는 장소인 성막 앞에서 일곱 번 뿌려지고, 암송아지의 몸은 재가 될 때까지 진 밖에서 불살라진다. 이제 피를 통해서 우리는 우리가 행한 행동들, 즉 우리가 지은 죄들(sins)에 대한 응답을 보게 된다. 희생제물이 불살라진 것을 통해서 우리는 죄(sin) 자체에 대한 심판의 최후 결말을 보게 되며, 우리 자신은 그 희생제물과 동일시된다. 이로써 우리는 "죄의 몸"의 결말을 보게 되는 것이다. 희생제물이 불에 다 타버려서 재가 되었기에, 더 이상 불이 할 수 있는 일이 없다. 그

할 일을 다 끝냈다. 당신은 이미 재가 된 것을 또 다시 불태울 수 없다. 재는 불이 그 소임을 다했음을 입증해 준다.

이제 찬송 받으실 하나님의 어린양께서는 우리가 행한 죄악된 행동들과 동일시되셨고, "친히 나무에 달려 그 몸으로 우리 죄들(sins)을 담당하셨"을 뿐만 아니라 (벧전 2:24), 우리를 위하여 죄(sin)가 되심으로써 속죄 제물이 되셨다. 이 모든 것이 하나님의 불사르는 심판 아래서 그리스도에게 일어났다. 찬송 받으실 위격을 가지고 계신 그리스도 속에는, 결코 육신 속에 있는 죄(sin)가 없었지만, 하나님은 그리스도를 죄 있는 육신의 모양으로 보내심으로써 "육신에 있는 죄를 정죄"하셨던 것이다(롬 8:3). 이로써 우리 속에 있는 죄(sin) 또는 죄성까지 처리된 것이다.

그처럼 혹독한 심판을 그리스도께서 다시 받아야 한다고 말할 수 있는가? 그럴 수 없다. 그리스도는 그 심판을 온전히 감당하셨다. 그리스도는 완벽하게 심판을 받으셨다. 그리고 다시 부활하심으로써 사망을 이기고 승리하셨다. 그리스도에게 무슨 정죄할 것이 있는가? 없다. 그런 일은 불가능하다. "그가 죽으심은 죄에 대하여 단번에 죽으심이다."(롬 6:10) 죽은 자 가운데서 다시 사신 그리스도는 더 이상 죽지 않으신다. 그러므로 이제 그리스도 안에 있는 자들에겐 더 이상 정죄가 없다. 만일 그리스도 안에 있다면, 그리스도 안에 있는 자로서 우리는 이제 하나님 앞에서 사는 사람들이다. 심판이 이미 집행되었기에, 우리에게 그 어떠한 정죄도 남아 있을 수가 없다. 혹 무슨 정죄가 남아 있을 수 있을까? 흘린 피(the sprinkled blood)는 우리가 지은 모든 죄들(sins)의 속죄가 이루어졌음을 의미한다. 재(ashes)는 죄인 속에 있는 죄(sin)에 대한 심판이 이미 완벽하게 집행되었음을 의미한다. 그럴진대, 무슨 정죄가 남아 있는가? 거룩하신 하나님께서 정죄하실 수 있는 모든 것은 이미 정죄되었다. 신자가 만일 정죄를 이미 다 받으신 그리스도 안에서 산다면, 그를 정죄할 수 있는 정죄는 더 이상 없다. 신자는 다른 이의 죽음과 부활에 의해서 영원히 "자신의 운명을 넘어선" 사람이 된 것이다.

구약성경을 통해서 또 다른 사례를 살펴보자. 노아가 방주에서 나오기 전, 비둘기를 내어 보냈다. 족장 노아는 오늘날 수천수만의 신자들과 같이, (방주 안에서) 보호를 받았지만, (자유를 누리지 못하고) 갇혀 있었다. 그는 방주가 자신과 (심판을 상징하는) 홍수 사이에 놓여있었고, 방주는 한 줄기의 빗방울조차도 들어오게 할 수 없음을 잘 알고 있었다. 그는 자신이 충분히 안전하다는 것을 알고 있었지만, 완전한 자유를 누리고 있지는 않았다. 그는 안전했지만, 갇혀 있었다.

두 번째로 비둘기를 보내었을 때, 비둘기는 입에 올리브 나뭇잎을 물고 돌아왔다. 이것은 하늘의 창문이 열리고 (홍수) 심판이 쏟아 부어진 것이 끝났음을 의미했다. 물이 줄어들었다. 심판이 끝났다. 전에는 사망의 물 아래 모든 것이 장사되었지만, 이제는 그 물 위로 살아나게 하는 에너지가 작용하고 있었다.

이제 하나님은 노아에게 다른 상징을 주셨다. 하나님은 자신의 무지개를 구름 속에 두셨다. 이것은 장차 오는 수세기 동안 하나님이 세상을 다시는 홍수로 멸망시키지 않으실 것을 항상 기억나게 할 것이다.

따라서 만일 비둘기가 *심판이 지나갔음을* 증거한다면, 무지개는 *더 이상 심판이 없음을* 증언한다.

노아가 방주에서 나왔을 때, 그는 제단을 쌓고 번제를

드렸다. 그리고 우리는 "여호와께서 그 향기를 받으셨다"(창 8:21)는 기록을 볼 수 있다. 이제 번제는 그 제물을 드리는 사람이 열납되었음(acceptance of the offerer)을 의미하게 되었다. 제물을 드리는 사람은 제물의 머리에 손을 얹고 나서 제물을 받쳤고, 하나님은 그 제물의 향기를 받으셨기에, 그는 하나님께 열납된 것이다. 우리는 이 열납의 교훈을 레위기 1장 4절을 통해서 볼 수 있다. "그는 번제물의 머리에 안수할지니 (번제물은) 그를 위하여 기쁘게 받으심이 되어 그를 위하여 속죄가 될 것이라." 안수가 이루어지면, 이후로는 제물을 드리는 사람의 문제가 아니라, 제물의 문제이다. 2-4절을 읽어보라. "너희 중에 누구든지 여호와께 예물을 드리려거든 … 그는 번제물의 머리에 안수할지니 그를 위하여 기쁘게 받으심이 되어." 여기서 우리는 2절의 예물을 드리는 사람이 번제물의 머리에 안수를 하게 되면, 4절의 번제물이 그를 위하여 하나님께 바쳐지는 것을 볼 수 있다.

　이러한 예표를 적용해보자. 성령님은 우리의 심판이 지나갔을 뿐만 아니라 더 이상 심판이 남아 있지 않다는 사실을 믿는 우리에게 증거하고자 하늘로서 내려 오셨다. 이러한 증거는 진실한 것일 뿐만 아니라 복된 것이란 사실에 대해서 하나님께 감사를 드리자. 만일 그리스도의 죽음이 죄에 부과된 심판을 우리를 위해서 해결하는 것이었다면, 우리의 심판은 필연적으로 과거지사가 되는 것이다. 만일 우리가 지금 죽음을 이기고 승리하신 그리스도 안에서 하나님을 향해 살아난 사람이라면, 지극히 당연하지만 더 이상 심판은 없다.

　이 뿐만 아니라, 우리는 하나님 앞에서 한량없이 은총이 베풀어지는 자리에 들어왔으며, 그 자리에 서있다. "주께서 그러하심과 같이 우리도 이 세상에서 그러하니

라."(요일 4:17)

하나님은 우리를 위해서 이 모든 길을 닦고 평탄하게 하는 정지(停止) 작업을 해주셨다. 이 얼마나 복되고도 감격스러운 일인가! 아, 우리는 이러한 구속의 승리를 더욱 만끽하여야 하리라! 이러한 승리를 누리는 것이 바로 자유다.

거룩한 삶을 위한 기준

"성령으로 행하는" 것이 그리스도인으로서 거룩한 삶을 살 수 있는 유일한 기준이다. 당신은 "성령으로 행하려면 어떻게 해야 하는가?" 라고 자문해본 적이 있는가? 성령으로 행하려면 하나님 아버지와의 교통을 통해서, 성령을 의지하고서, 그리스도를 내 삶의 유일한 목적으로 삼고서 행할 때에만 가능하다. 만일 내가 내 자신의 마음의 감정적인 기복이나, 나 자신의 충동적인 변덕이나, 또는 나의 종교적 좋고 싫음에 따른 편견에 따라 산다면, 성화의 삶은 불가능하다. 하나님의 말씀이 나의 유일한 좌표로서 절대적으로 필요하다.

"청년이 무엇으로 그의 행실을 깨끗하게 하리이까 주의 말씀만 지킬 따름이니이다."(시 119:9)

이에 대한 본보기인 순교자 스데반을 보라. 믿음과 권능으로 충만한 이 사람, 성령으로 충만했던 이 하나님의 사람은 무엇을 주목하여 보았는가? 두 가지다. *지상에선 하나님의 말씀과 하늘에선 영광 중에 계신 하나님의 그리스도다*(행 6,7장).

많은 그리스도인들이 율법의 도덕적인 계명을 그들 거룩한 삶의 기준으로 삼는 심각한 오류를 범하고 있다. 이 말이 어떤 사람들을 깜짝 놀라게 할 수도 있을 것이다. 진실은 이렇다. 율법은 사람에게 결코 자기 밖에서 목표(object)를 제시하지 않는다. 바로 은혜가 한다. 만일 내가 구원을 위해 율법을 지키고자 노력한다면, 그것은 누구를 위한 것인가? 나 자신이다. 그렇다. 자아가 나의 실제적인 목표다. 만일 내가 구원을 소유하게 되었고, 그 구원을 유지하려는 뜻에서 율법을 지키고자 노력하고 있다면, 나의 목표는 무엇인가? 나는 누구를 위하여 구원을 유지하고 싶은 것인가? 물론 나 자신이다.

그렇다면 자아가 나의 목표다. 반대로 은혜는 구원받은 사람 앞에 새로운 목표를 제시하며, 성령께서는 전적으로 새로운 행동을 할 수 있는 힘을 공급하신다. 자아는 그리스도에 의해서 대치되고, 인간의 노력은 성령의 활동으로 대치된다. "그가 모든 사람을 대신하여 죽으심은 살아 있는 자들로 하여금 다시는 그들 자신을 위하여 살지 않고 오직 그들을 대신하여 죽었다가 다시 살아나신 이를 위하여 살게 하려 함이라."(고후 5:15) 그리고 이를 실현하려면 "*그리스도의 사랑이 우리를 강권하시는*"(고후 5:14) 일이 필요하다.

어떤 독자는 "물론 우리는 칭의를 위해선 율법 아래 있지 않지만, 거룩한 삶을 위해선 율법 아래 있다고 생각합니다"라고 말하고 싶을 것이다. 그렇지 않다. 성경은 거룩한 삶의 기준을 제3위격이신 "성령을 따라 행하며, 성령과 조화를 이루는 것"으로 제시하고 있다. 그래서 "성령으로 살며 또한 성령으로 행하라"(갈 5:25)고 말한다. 성경은 결코 "성령으로 행하는 것" 보다 더 낮은 거룩한 삶의 기준을 말하고 있지 않다. 당신은 율법을 성령님 보다 더 우위에 두고 싶은 것인가? 이 점에 대해서 성경은 매우 분명하게 말하고 있다. "너희가 만일 성령의 인도하시는 바가 되면 율법 아래에 있지 아니하

리라."(갈 5:18)

   사랑하는 독자여, 우리가 율법 아래 있지 않다고 말해 온 것에 대해서 이제는 놀라지 말라. 우리는 이 세대의 횡행하는 불법의 정신을 조장하거나, 그리스도인답지 않은 삶을 사는 것을 허용하거나 또는 율법을 어기며 육신의 정욕을 따라 살아갈 수 있는 자격증을 주려는 뜻이 없다. 그렇지 않다. 오히려 그 반대다. 우리는 기쁜 마음으로 로마서 8장 4절에 있는 하나님 말씀의 가르침을 믿는다. 즉 율법의 의로운 요구가 "육신을 따르지 않고 그 영을 따라 행하는 우리에게 이루어지게 하려는" 것이다. 우리가 살펴본 대로, 만일 우리가 성령의 인도하심을 받고 있다면 우리는 율법 아래 있지 않다(갈 5:18). 그런즉, 이는 사도 바울이 이미 말했지만, "율법의 요구가 **율법 아래 있지 않은 우리에게** 이루어지는 것"이다.

이것을 좀 더 분명하게 이해하기 위하여, 다음의 예화를 살펴보자.

어떤 사람이 자기 집 근처에 우물을 가지고 있는데, 그 옆에 정말 좋은 펌프시설을 설치했다. 비록 이 펌프가 아주 완벽한 메커니즘을 갖추고 있지만, 그는 수년 동안 이 펌프시설을 이용해서 그 우물에서 좋은 물, 즉 깨끗한 물을 길어낼 수가 없었다. 그가 펌프질을 하면 할수록, 더러운 물만을 길어 올릴 뿐이었다.

어느 날 그 지역을 방문하는 사람이 있었는데, 그는 그런 일에 전문가였다. 그는 우물 주인에게 혹 자신이 근처 거대한 암석을 뚫을 수만 있다면, 엄청난 양의 깨끗하고 순수한 물을 얻게 될 것이라고 말했다. 그래서 공사가 시작되었고, 며칠 동안 물의 수원으로 예상되는 지점을 뚫는 일이 어느 정도 진행되자, 드디어 엄청 깨끗한 물이 솟구쳐 올라왔다.

　당신 생각엔, 그가 우물 옆에 있는 펌프를 옮겨서, 깨끗한 물이 솟구쳐 오르는 곳에 두었을 거라고 생각하는가? 결코 그렇지 않다. 그는 펌프에 무슨 문제가 있다고 생각하지 않았다. 펌프는 아주 성능이 좋았다. 다만 그는 새로운 물의 원천을 찾았고, 펌프가 없어도 물을 길어낼 수 있었다. 그가 얻을 수 있게 된 물은 옛 우물에선 펌프를 통해서 얻을 수 없는 것이었다.

　그렇다면 이 단순한 예화를 우리 자신에게 적용시켜 보자. "율법은 옳은 사람을 위하여 세운 것이 아니요." (딤전 1:9) 율법은 그 자체로 "거룩하고, 의롭고, 선하다." 하지만 율법을 육신 안에 있는 사람에게 적용하게 되면, 마치 완벽한 시스템을 갖춘 펌프를 가지고 오염된 우물에서 물을 길으려고 했던 것처럼, 그것은 다만 본래 그 속에 있는 것을 그대로 드러내줄 뿐이다.

그렇다면 율법의 요구는 무엇인가? 갈라디아서 5장 14절은 이렇게 말한다. "온 율법은 네 이웃 사랑하기를 네 자신 같이 하라 하신 한 말씀에서 이루어졌나니." 그렇다. 율법은 사랑을 요구하지만, 우리가 육신 상태에 있다면, 그 상태에선 완벽한 미움만 나온다. 예수 그리스도를 십자가에 못 박았던 유대인들을 생각해보라. 율법에 열심을 내었던 사람들은 다만 사랑받기에 합당하신 분을 향해 미움과 증오만을 쏟아냈다. "그들이 이유 없이 나를 미워하였다."(요 15:25) 바로 이런 일을 했던 이스라엘 백성들은 율법을 자랑하는 사람들이었다. "육신의 생각은 하나님과 원수가 되나니"(롬 8:5)라는 말씀에 속에 담긴 진리를 얼마나 잘 보여주는가?

그렇다면 옛 우물에서 펌프질을 하면 할수록, 그 펌프

질은 우물의 오염된 상태를 더욱 드러나게 해줄 뿐이다.

 이제 다른 측면을 살펴보자. 옛 우물에서 새 우물로 바꾸는 것은 얼마나 좋은 일인가. 그렇다면 새로운 우물은 무엇인가? 그건 바로 하나님의 영이다. 신자의 영혼 속에 생명으로서 하나님의 영이다. (요 4:14, 20:22, 갈 5:22-25을 읽어보라.) 그렇다면 우리는 이 새로운 원천으로부터 무엇을 얻을 수 있을까?

 하나님의 영에 의해서 맺는 첫 번째 열매는 바로 율법이 요구하지만 결코 감당할 수 없었던 것인데, 그것은 바로 사랑이다. 갈라디아서 5장 14절과 22절을 비교해보라.

 하나님에게서 난 사람은 *사랑한다*. (요일 4:7, 8, 고전

13:1-3) 하지만 이런 사랑은 자연인이 할 수 있는 사랑이 아니다. 사실 사람은 누구나 자연적으로 사랑하며, 그 사랑은 그 대상에 따라서 다르게 나타나는 사랑이다. 하지만 그런 사랑은 그리스도인이 사랑하는 방식이 아니다. 그런 것은 그리스도인이 사랑하는 방식이 아니다. 그리스도인은 단지 누군가 사랑스럽고 또 매력적이기 때문에 사랑하는 사람들이 아니다. 하나님이 자기 속에 새로운 생명, 즉 하나님의 영의 능력 안에 있는 생명을 주셨기 때문에, 그 생명이 사랑하는 대로 사랑하는 사람들이다.

하나님은 우리 속에 무슨 사랑할만한 것이 있기 때문에 사랑하신 것이 아니라, 하나님 자신 속에 있는 사랑 때문에 사랑하셨다.

그리스도인으로서 우리의 사랑은 동일한 질서를 따

른다. 그것은 성격상 신적인 특성을 띠고 있다. 그래서 우리는 "사랑하는 자마다 하나님으로부터 나서 하나님을 알고"(요일 4:7), "만일 우리가 서로 사랑하면 하나님이 우리 안에 거하시고 그의 사랑이 우리 안에 온전히 이루어지느니라"(요일 4:12), 그리고 "우리가 사랑함은 그가 먼저 우리를 사랑하셨음이라"(요일 4:19)라는 말씀을 볼 수 있다.

따라서 우리는 사랑이 우리 속에 있는 하나님의 영에 의해서 산출되는 것과 그 사랑이 바로 율법이 우리에게서 요구하는 것임을 볼 수 있다.

이제 우리는 "사랑 안에서 행하라"는 권면을 받고 있다. 즉 우리는 신적인 생명, 새로운 창조 질서를 따라서 운동력 있게 역사하는 생명이 자연스럽게 역사하도록 허용해야 한다. 다시 말해서, 그 생명이 우리 속에서 본

연의 작용과 역사를 하도록 막거나 방해하지 말아야 한다. 우리는 신적인 본능을 따라 살아야 하며, 그 신적인 본능이 잘 작용하도록 할 때 나타나는 행복을 만끽하며 살아야 한다. 우리는 우리 자유를 육신을 만족시키는 기회로 삼아선 아니 되며, 다만 사랑으로 서로 섬기는 일에 사용해야 한다. 사도 바울은 이제 우리가 허용할 수 있는 유일한 것은 "*사랑에 의해서 역사하는 믿음 뿐*"(갈 5:6)이라고 말했다. 다른 말로 하자면, 율법이 헛되이 요구할 뿐인 것을, 은혜가 풍성하게 공급하는 것이다. 이로써 율법의 의로운 요구는 율법 아래 있지 않은 우리를 통해서, 육신을 좇지 않고 성령을 좇아서 행하는 우리에게서 이루어지게 될 것이다. 그리스도인이 되는 것은 얼마나 복된 일인가!

노력이 아니라 의존을 통해서 들어가는 자유의 비밀

 치명적인 독을 가진 뱀이 당신 집으로 들어왔고, 당신은 그런 위험한 침입자로부터 스스로를 보호해야 한다는 생각을 했다. 그래서 당신은 야구 방망이로 뱀을 힘껏 내리쳤는데, 뱀은 여전히 살아 있다. 당신은 "아, 충분히 세게 치지 않았나보네. 이제 결정적인 한방을 내리쳐야겠어."라고 말한다. 그래선 안된다. 당신은 또 다시 실수를 하고 있다. 뱀은 금방 회복될 것이다. 마침내 당신은 더욱 치명적인 무기를 사용해서, 더욱 힘 있게 내려친다. 그리고 당신 발아래엔 죽은 뱀이 있다.

 당신은 실제적으로 당신 속에 똬리를 틀고 있는 죄성 또는 악한 본성을 이런 식으로 해결할 수 있다고 생각해선 안된다. 새로이 경험하는 승리가 당신에게 새로운 힘을 준다. 하지만 끊임없는 노력을 하기만 하면, 마침

내 내주하는 죄의 작용을 단번에 영원히 끝낼 수 있다는 상상을 결코 해선 안된다. 절대적으로 하나님을 의존하고, 절대적으로 자아를 불신하는 것 외엔 매 순간, 모든 시험에서 당신을 지킬 수 있는 방법은 없다. 이는 그리스도께서 처음 세상에 오셨을 때 완성하신 역사를 통해서 당신 자신이 죄의 정죄와 통치로부터 법적으로 깨끗하게 되었음을 아는 순간부터 장차 그리스도께서 다시 오실 때 영광 중에 계신 그리스도와 온전히 같게 되는 순간까지, 즉 당신이 절대적으로, 육체적으로 죄 자체로부터 깨끗하게 되는 순간까지, 당신이 내딛는 모든 발걸음마다 사실이다.

죄의 지배로부터 현재적인 해방을 받는 비밀의 총체성은 "**은혜**"라는 단어 속에 담겨 있다.

하나님의 은혜의 활동은 자기 아들의 죽음을 통해서

십자가의 세상 측면에 존재하는, 우리를 정죄하는 쪽으로 작용하는 모든 것을 깨끗하게 정리했으며, 반면 은혜의 성령의 작용과 내주는 십자가의 부활 측면에 놓여 있는, 영원한 복으로 우리를 인도한다.

결론

우리가 지금까지 살펴본 내용들을 간략하게 정리해 보자. 우리는 죄로부터 자유란 주제와 연결된 세 가지 큰 특징들이 있음을 살펴보았다.

1. 죄의 형벌로부터 자유 - 법적으로
2. 죄의 권세로부터 자유 - 실제적으로
3. 죄의 존재로부터 자유 - 절대적으로

1. 우리는 그리스도의 죽음을 통해서, 하나님은 신자

들을 첫째 아담에게 속한 모든 것과 연결된 것을 끊으셨음을 보았다. 이로써 신자는 "*육신 안에 있는 죄*"로부터 *법적으로 영원히 분리되었다*. 비록 죄가 여전히 신자 속에 남아 있지만, 죄는 새로운 "나" 속엔 없다. 우리는 십자가에서 죄의 정죄를 홀로 감당하신 그리스도 안에 있는 자로서 하나님 앞에서 살고 있기 때문에, 우리에게 더 이상 정죄는 있을 수 없음을 살펴보았다. 하나님 앞에서 우리에게 더 이상 정죄가 없다는 것은 노아가 방주에서 나올 때, 제단을 쌓고 또 하나님의 은혜를 입은 예배자로서, 그의 머리 위에 하늘의 무지개를 주시고, 더 이상 홍수가 없을 거라고 약속하셨던 것보다 더 확실한 것이다.

2. 우리는 죄의 *권세*로부터 자유롭게 되었음을 살펴보았다. 율법 아래서 극심한 내적인 갈등을 겪은 독자는 육신에게는 치료책이 없으며, 죽음 외엔 죄로부터 해

방 받을 수 있는 길이 없음을 진정으로 볼 수 있는 지점에 도덕적으로 도달하게 된다. 죄를 없애보려는 진지한 모든 노력이 소용없을 뿐만 아니라 육신을 개선해보려는 모든 경건한 노력이 소용없다는 것을 깨달을 때, 하나님은 육신에게서 무슨 선한 것을 기대하지 않으실 뿐만 아니라 거기서 무슨 선한 것을 내라고 우리에게 요구하지도 않으신다는 것을 우리가 마침내 배울 때, 율법이 요구하는 것을 우리 힘으로는 이룰 수 없으며, 오히려 우리를 종노릇하는 상태에 빠뜨릴 뿐임을 보게 될 때, 그리고 우리 편에서 아무런 공로가 없을지라도 은혜에 의해서, 하나님의 값없는 선물로서, 그리스도의 공로를 덧입을 때, 그때 *죄의 지배*는 끝나게 된다. 우리는 더 이상 율법아래 있지 않고, 은혜 아래 있다.

하나님 앞에서 육신의 종말을 가져다준 갈보리의 나무는 쓴 물을 단 물로 바꾸는 "나무"다(출 15:24). *십자*

가의 나무가 없다면, 게다가 십자가의 나무를 통해서 쓴 물을 단 맛으로 바꾸는 것을 배운 일이 없다면, 우리는 물의 쓴 맛을 볼 수밖에 없다. 우리는 하나님의 입술을 통해서 이삭이 독자(his only begotten son)로 인정을 받고 또 "육체를 따라 난" 종의 아들은 더 이상 아브라함의 집에 있을 수 없다는 사실을 인정할 때까지, 아브라함이 이스마엘을 떠나보내는 일로 "매우 근심"했던 것을 볼 수 있다. 이스마엘은 사실상, 거의 50년 이상을 아브라함보다 오래 살았지만, 마치 존재한 일이 없는 사람처럼 여김을 받았다.

육신에게서 무슨 기대를 하거나, 육신을 확신하거나 또는 육신을 동정하는 것은, 더 이상 필요치 않다. 우리는 육신과의 관계를 끝냈으며, 우리는 도덕적으로 육신으로부터 자유를 얻었다. 또 다시 육신으로 하여금 활동하게 한다면, 그것은 악한 일이다. 우리는 내 속에 있는 육신이 제거되지 않았다는 이유 때문에 힘들어하거나, 또는 육신을 개선시킬 수 없기 때문에 크게 실망할 필요가 없다. 그렇다. 우리가 정말 고통스러워해야 하는 것은, 우리를 구원하는 일에 예수의 십자가 외에는 아무 해법이 없음을 보고서, 자신의 아들을 기꺼이 내어주신 우리 하나님 아버지의 마음을 근심시켜드리는 것이다.

우리가 고통스럽게 느껴야 하는 것은 마치 육신이 하나님 앞에서 우리가 들어간 새로운 지위의 일부분인 것처럼, 그 육신을 더 좋은 것으로 개선시키는데 실패한 일에 대한 것이어선 안된다. 다만 우리가 육신에 내려진 사망선고를 유지하지 못한 것에 대한 것이어야 하며, 또한 우리가 육신을 하나님이 육신에 대해서 공의롭게 선고하셨고, 십자가에서 집행된 정죄 아래 계속 두지 못한 것에 대한 것이어야 한다. 우리는 더 이상 육신과는 아무 관계도 없는 사람으로서, 그리고 더 이상 육신에 빚을 진 것이 없는 사람으로서 육신을 대할 책임이 있다.

3. 따라서 우리는 자유를 얻은 사람으로서 장차 죄로부터 완전한 안식에 들어갈 것을 기대하며 또한 영원토록 주님의 귀한 희생과 죽음에 빚진 자로서 다시 오실 주님을 기뻐하는 사람이 되었다. 우리가 지금 죄의 정죄로부터 자유를 얻은 것처럼, 장차 죄의 존재로부터 자유롭게 되는 그 복된 약속의 아침이 속히 오기를 기쁨으로 열망한다. 영광 중에 계신 그리스도를 완벽하고도 또한 인격적으로 닮는 것이 우리의 확실하고도 분명한 소망이다. 그리고 그렇게 되는 것이 우리에겐, 성경이 말하는 죄의 마지막 잔재로부터 실제적으로 자유롭게 되는 길이다.

"죄의 모든 얼룩이 제거되고,
모든 악이 사라지는 날이 오고 있다.
그때 우리는 하나님의 사랑하시는 아들의 궁정에서
영원토록 함께 살리라."

그 날까지 하나님께 더 가까이, 더 밀착하여 동행하는 삶을 살자.

소극적인 신앙으로 만족하지 말고, 더욱 적극적으로 "살든지 죽든지 내 몸에서 그리스도가 존귀하게 되도록" 하자(빌 1:20).

형제들의 집 도서 안내

1. 조지 뮬러 영성의 비밀
   조지 뮬러 지음/이종수 옮김/값 1,000원
2. 수백만을 감동시킨 사람을 감동시킨 바로 그 사람: 헨리 무어하우스
   존 A. 비올리 지음/이종수 옮김/값 1,000원
3. 내 영혼의 만족의 노래
   W.T.P 월스톤 지음/이종수 옮김/값 1,000원
4. 모든 일을 하나님의 영광을 위하여 하라
   해리 아이언사이드 지음/이종수 옮김/값 1,000원
5. 잃어버린 영혼을 위해서 어떻게 기도해야 하는가
   오스왈드 샌더스, 찰스 스펄전 지음/이종수 옮김/값 1,000원
6. 윌리암 켈리의 칭의의 은혜(개정판)
   윌리암 켈리 지음/이종수 옮김/값 6,000원
7. 이것이 거듭남이다(개정판)
   알프레드 깁스 지음/이종수 옮김/값 9,000원
8. 존 넬슨 다비의 영성있는 복음
   존 넬슨 다비 지음/이종수 옮김/값 5,000원
9. 로버트 클리버 채프만의 사랑의 영성(개정판)
   로버트 C. 채프만 지음/이종수 옮김/값 7,000원
10. 영성을 깊게 하는 레위기 묵상
    C.H. 매킨토시 외 지음/이종수 옮김/값 5,000원
11. 존 넬슨 다비의 성경주석: 빌립보서
    존 넬슨 다비 지음/이종수 옮김/값 5,000원
12. 존 넬슨 다비의 히브리서 묵상(개정판)
    존 넬슨 다비 지음/정병은 옮김/값 11,000원
13. 조지 커팅의 영적 자유
    조지 커팅 지음/이종수 옮김/값 4,000원
14. 윌리암 켈리의 해방의 체험(개정판)
    윌리암 켈리 지음/이종수 옮김/값 4,500원
15. 존 넬슨 다비의 성경주석: 골로새서(개정판)
    존 넬슨 다비 지음/이종수 옮김/값 8,000원
16. 구원 얻는 기도
    이종수 지음/값 5,000원
17. 영혼의 성화
    프랭크 빈포드 호올 지음/이종수 옮김/값 1,000원
18. 당신은 진짜 거듭났는가?
    아더 핑크 지음/박선희 옮김/값 4,500원
19. C.H. 매킨토시의 완전한 구원(개정판)
    C.H. 매킨토시 지음/이종수 옮김/값 5,500원
20. 존 넬슨 다비의 하나님의 뜻을 분별하는 법
    존 넬슨 다비 지음/이종수 옮김/값 1,000원

21. 존 넬슨 다비의 성경주석: 요한계시록
존 넬슨 다비 지음/이종수 옮김/값 10,000원
22. 주 안에 거하라
해밀턴 스미스, 허드슨 테일러 지음/이종수 옮김/ 값 1,000원
23. C.H. 매킨토시의 하나님의 선물
C.H. 매킨토시 지음/이종수 옮김/값 4,000원
24. 존 넬슨 다비의 성경주석: 에베소서
존 넬슨 다비 지음/이종수 옮김/값 8,000원
25. 존 넬슨 다비의 영적 해방
존 넬슨 다비 지음/문영권 옮김/값 7,000원
26. 건강하고 행복한 그리스도인이 되는 법
어거스트 반 린, J. 드와이트 펜테코스트지음/ 값 1,000원
27. 존 넬슨 다비의 성경주석: 로마서
존 넬슨 다비 지음/문영권 옮김/값 12,000원
28. 존 넬슨 다비의 성화의 길
존 넬슨 다비 지음/이종수 옮김/값 4,500원
29. 기독교 신앙에 회의적인 사랑하는 나의 친구에게
로버트 A. 래이드로 지음/박선희 옮김/값 5,000원
30. 이수원 선교사 이야기
더글라스 나이스웬더 지음/이종수 옮김/값 5,000원
31. 체험을 위한 성령의 내주, 그리고 충만
조지 커팅 지음/이종수 옮김/값 4,500원
32. 존 넬슨 다비의 성경주석: 갈라디아서
존 넬슨 다비 지음/이종수 옮김/값 4,800원
33. 존 넬슨 다비의 성경주석: 요한서신서 · 유다서
존 넬슨 다비 지음/문영권 옮김/값 8,000원
34. 존 넬슨 다비의 성경주석: 데살로니가전 · 후서
존 넬슨 다비 지음/이종수 옮김/값 8,000원
35. 그리스도와의 연합과 구원(성경공부교재)
문영권 지음/값 2,500원
36. 그리스도와의 연합과 성화(성경공부교재)
문영권 지음/값 3,000원
37. 사도라 불린 영적 거장들
이종수 지음/값 7,000원
38. 당신은 진짜 하나님을 신뢰하는가(개정판)
조지 뮬러 지음/ 이종수 옮김/값 5,500원
39. 그리스도와 연합된 천상적 교회가 가진 영광스러운 교회의 소망
존 넬슨 다비 지음/ 문영권 옮김/ 값 13,000원
40. 가나안 영적 전쟁과 하나님의 전신갑주
존 넬슨 다비 지음/ 이종수 옮김/ 값 2,000원

41. 죄 사함, 칭의 그리고 성화의 진리
고든 헨리 해이호우 지음/ 이종수 옮김/ 값 2,000원
42. 하나님을 찾는 지성인, 이것이 궁금하다!
김종만 지음/ 값 10,000원
43. 이것이 그리스도의 심판대이다
이종수 엮음/ 값 8,000원
44. 존 넬슨 다비의 성경주석: 마태복음
존 넬슨 다비 지음/이종수 옮김/값 16,000원
45. C.H. 매킨토시의 하나님에 관한 진실
C.H. 매킨토시 지음/이종수 옮김/값 1,000원
46. 존 넬슨 다비의 성경주석: 여호수아
존 넬슨 다비 지음/문영권 옮김/값 8,000원
47. 찰스 스탠리의 당신의 남편은 누구인가
찰스 스탠리 지음/이종수 옮김/값 4,000원
48. 존 넬슨 다비의 성령론(개정판)
존 넬슨 다비 지음/이종수 옮김/값 15,000원
49. 존 넬슨 다비의 영적 해방의 실제
존 넬슨 다비 지음/이종수 옮김/값 5,000원
50. 존 넬슨 다비의 주요사상연구: 다비와 친구되기
문영권 지음/값 5,000원
51. 존 넬슨 다비의 죽음 이후 영혼의 상태
존 넬슨 다비 지음/이종수 옮김/값 5,000원
52. 신학자 존 넬슨 다비 평전
이종수 지음/ 값 7,000원
53. 존 넬슨 다비의 요한복음 묵상
존 넬슨 다비 지음/이종수 옮김/값 8,000원
54. 프레드릭 W. 그랜트의 영적 해방이란 무엇인가
프레드릭 W. 그랜트 지음/이종수 옮김/값 4,500원
55. 홍해와 요단강을 통해서 나타난 하나님의 구원
윌리암 켈리 지음/ 이종수 옮김/ 값 4,800원
56. 그리스도와의 연합을 위한 성령의 역사
윌리암 켈리 지음/ 이종수 옮김/ 값 19,000원
57. 누가, 그리스도인인가?
시드니 롱 제이콥 지음/ 박영민 옮김/ 값 7,000원
58. 선교사가 결코 쓰지 않은 편지
프레드릭 L. 코신 지음 / 이종수 옮김/ 값 9,000원
59. 사랑의 영성으로 성자의 삶을 살다간 로버트 채프만
프랭크 홈즈 지음 / 이종수 옮김/ 값 8,500원
60. 므비보셋, 룻, 그리고 욥 이야기
찰스 스탠리 지음 / 이종수 옮김 / 값 7,500원

61. 구원의 근본 진리
  에드워드 데넷 지음 / 이종수 옮김/ 값 6,500원
62. 회복된 진리, 6+1
  에드워드 데넷 지음/ 이종수 옮김/ 값 6,000원
63. 당신의 상상보다 더 큰 구원
  프랭크 빈포드 호울 지음 / 이종수 옮김/ 값 6,500원
64. 뿌리 깊은 영성의 그리스도인으로 사는 법
  찰스 앤드류 코우츠 지음 / 이종수 옮김/ 값 9,000원
65. 천국의 비밀 : 천국, 하나님 나라, 그리고 교회의 차이
  프레드릭 W. 그랜트 & 아달펠트 P. 세실 지음 /이종수 옮김/ 값 7,000원
66. 존 넬슨 다비의 성경주석: 베드로전 · 후서
  존 넬슨 다비 지음/장세학 옮김/ 값 7,500원
67. 존 넬슨 다비의 영광스러운 구원
  존 넬슨 다비 지음/이종수 엮음/ 값 15,000원
68. 어린양의 신부
  W.T.P. 윌스톤 & 해밀턴 스미스 지음/ 박선희 옮김/ 값 10,000원
69. 성경에서 말하는 회심
  C.H. 매킨토시 지음/ 이종수 옮김/ 값 6,000원
70. 십자가에서 천년통치에 이르는 그리스도의 길
  존 R. 칼드웰 지음/ 이종수 옮김/ 값 7,500원
71. 그리스도와의 연합이란 무엇인가?
  에드워드 데넷 지음/ 이종수 옮김/ 값 9,000원
72. 하늘의 부르심 vs. 교회의 부르심
  존 기포드 벨렛 지음/ 이종수 옮김/ 값 16,000원
73. 당신은 진짜 새로운 피조물인가
  존 넬슨 다비 외 지음/ 이종수 옮김/ 값 12,000원
74. 플리머스 형제단 이야기
  앤드류 밀러 지음/ 이종수 옮김/ 값 14,000원
75. 바울의 복음, 그리스도의 영광의 복음
  존 기포드 벨렛 지음/ 이종수 옮김/ 값 9,000원
76. 악과 고통, 그리고 시련의 문제
  이종수 지음/ 값 9,000원
77. 요한계시록 일곱 교회를 향한 예언 메시지
  존 넬슨 다비 지음/이종수 옮김/ 값 18,000원
78. 영광스러운 구원, 어떻게 받는가
  존 넬슨 다비 지음/이종수 엮음/ 값 13,000원
79. 영광스러운 교회의 길
  존 넬슨 다비 지음/이종수 엮음/ 값 22,000원
80. 존 넬슨 다비의 성경주석: 디모데전후서, 디도서, 빌레몬서
  존 넬슨 다비 지음/이종수 옮김/ 값 15,000원

81. 성경을 아는 지식
                                      존 넬슨 다비 지음/이종수 엮음/ 값 18,500원
82. 십자가의 도
                                        존 넬슨 다비 지음/이종수 엮음/ 값 13,500원
83. 존 넬슨 다비의 성경주석: 고린도전후서
                                        존 넬슨 다비 지음/이종수 옮김/값 18,500원
84. 존 넬슨 다비의 성경주석: 사도행전
                                        존 넬슨 다비 지음/이종수 옮김/값 17,000원
85. 그리스도와의 연합을 위한 사도 바울의 기도
                                        존 넬슨 다비 지음/이종수 엮음/값 10,000원
86. 빌라델비아 교회의 길
                                        해밀턴 스미스 지음/이종수 옮김/값 10,000원
87. 무명한 자 같으나 유명한 존 넬슨 다비 전기
                                   윌리암 터너, 에드윈 크로스 지음/이종수 옮김/값 12,000원
88. 성경의 핵심용어 해설
                                    데이빗 구딩, 존 레녹스 지음/허성훈 옮김/값 9,000원
89. 존 넬슨 다비의 성경주석: 히브리서, 야고보서
                                        존 넬슨 다비 지음/이종수 옮김/값 17,500원
90. 존 넬슨 다비의 성경주석: 요한복음
                                        존 넬슨 다비 지음/이종수 옮김/값 17,000원
91. 신부의 노래
                                        해밀턴 스미스 지음/이종수 옮김/값 10,000원
92. 에클레시아의 비밀
                                        해밀턴 스미스 지음/이종수 옮김/값 10,000원
93. 존 넬슨 다비의 성경주석: 누가복음
                                        존 넬슨 다비 지음/이종수 옮김/값 13,500원
94. 예수 그리스도를 따라 맨 밑바닥까지 내려가는 아름다움
                                        조지 위그램 지음/이종수 옮김/값 7,000원
95. 존 넬슨 다비의 성경주석: 마가복음
                                        존 넬슨 다비 지음/이종수 옮김/값 8,000원
96. 죄 사함과 죄로부터의 완전한 자유
                                        조지 커팅 지음/이종수 옮김/값 7,000원
97. 성령의 성화
                                        윌리암 켈리 지음/이종수 옮김/값 6,500원
98. 하나님의 義란 무엇인가
                                        윌리암 켈리 지음/이종수 옮김/값 9,000원
99. 길이요 진리요 생명이신 그리스도
                                        윌리암 켈리 지음/이종수 옮김/값 6,500원
100. 보혜사 성령
                                        W.T.P. 월스톤 지음/이종수 옮김/값 24,000원

101. 존 넬슨 다비의 성경주석: 창세기
존 넬슨 다비 지음/이종수 옮김/값 8,600원
102. 존 넬슨 다비의 성경주석: 이사야
존 넬슨 다비 지음/이종수 옮김/값 9,400원
103. "그리스도와의 하나됨"을 통한 동일시의 진리란 무엇인가
클라이드 필킹턴 주니어 책임편집/이종수 엮음/값 9,000원

104. 존 넬슨 다비의 성경주석: 다니엘
존 넬슨 다비 지음/이종수 옮김/값 8,000원
105. 그리스도와의 하나됨을 통한 "양자 삼음의 진리"란 무엇인가
클라이드 필킹턴 주니어 책임편집/이종수 엮음/값 11,000원
106. 순례자의 노래
존 넬슨 다비 지음/문영권 옮김/값 12,000원
107. 존 넬슨 다비의 성경주석: 에스겔
존 넬슨 다비 지음/이종수 옮김/값 8,800원
108. 성경공부교재 제1권 거듭남의 진리
이종수 지음/ 값 5,000원
109. 존 넬슨 다비의 성경주석: 잠언, 전도서, 아가서
존 넬슨 다비 지음/이종수 옮김/값 5,000원
110. 성경공부교재 제2권 죄사함의 진리
이종수 지음/ 값 6,500원
111. 최고의 영광으로의 부르심
클라이드 필킹턴 주니어 편집/이종수 엮음/값 9,000원
112. 존 넬슨 다비의 성경주석: 예레미야, 예레미야애가
존 넬슨 다비 지음/이종수 옮김/값 9,000원
113. 존 넬슨 다비의 새번역 신약성경
존 넬슨 다비 지음/이종수 옮김/값 35,000원

☆영적 해방을 경험하게 해주는 책 20권☆

영적 해방은 거듭난 사람이 그 마음으로는 하나님의 법을 즐거워하며 말씀에 순종하고 싶어 하지만, 육신에 매여 있기 때문에 항상 죄의 법 아래로 사로잡히며, 따라서 율법 아래 종노릇하고 있는 상태에서 벗어나는 영적 체험입니다.

더 이상 자아로 살지 않고 그리스도로 사는 삶은 영적 해방의 체험 없이는 가능하지 않습니다. 이제 하나님의 해방시키는 역사를 통해서 나는 죽고 그리스도께서 사시는 삶이 시작되는 것을 경험하게 될 것입니다.

"나에게는 내가 죽은 날이 있었다. 그 날은 바로 조지 뮬러가, 자신의 의견, 선호, 취향, 의지에 대해 죽은 날이요, 세상과 세상의 인정 혹은 비난에 대해서 죽은 날이다. 나는 심지어 나의 형제들 혹은 친구들의 인정과 비난에 대해서도 죽었다. 그때로부터 나는 오직 하나님께 인정받는 일꾼으로만 드러나도록 힘썼다."
- 조지 뮬러

"나는 지금 회심한지 20년 정도 되었다. 영적 해방을 경험하지 못했을 때에는, 성령님의 뜻 가운데 동행하면서 누리는 기쁨과 축복에 대해서 전혀 알지 못했다. 내가 지금까지 믿음으로 순종하면서 걸어온 삶을 돌이켜보건대, 만일 영적 해방을 경험하지 못했다면 과연 결과가 어떻게 달랐을까를 생각해본다."
- 존 넬슨 다비

☆ 영적 해방을 경험하고 싶다면☞

1) 영적 자유/ 조지 커팅/ 4,000원
2) 영적 해방이란 무엇인가/ F.W. 그랜트/ 4,500원
3) 해방의 체험/ W. 켈리/ 4,500원
4) 당신의 남편은 누구인가/ 찰스 스탠리/ 5,000원
5) 존 넬슨 다비의 영적 해방/ J.N. 다비/ 8,000원
6) 영적 해방의 실제/ J.N. 다비/ 5,000원
7) 십자가의 도/ J.N. 다비 / 13,500원 /
8) 존 넬슨 다비의 성령론 / J.N. 다비 / 15,000원
9) 완전한 구원/ C.H. 매킨토시/ 5,500원
10) 홍해와 요단강을 통해서 나타난 하나님의 구원/ W. 켈리/ 4,000원
11) 하나님의 의란 무엇인가? / W. 켈리/ 9,000원
12) 사도라 불린 영적 거장들/ 이종수 / 7,000원
13) 누가 그리스도인인가/ 시드니 롱 제이콥/ 7,000원
14) 성화의 길 / 존 넬슨 다비 / 4,500원
15) 죄사함과 죄로부터 완전한 자유/ 조지 커팅 / 7,000원
16) 존 넬슨 다비의 영광스러운 구원 / 존 넬슨 다비/ 15,000원
17) 당신은 진짜 새로운 피조물인가 / 존 넬슨 다비/ 12,000원
18) 동일시의 진리란 무엇인가 / 클라이드 필킹턴/ 9,000원
19) 양자삼음의 진리란 무엇인가 / 클라이드 필킹턴/ 11,000원
20) 최고의 영광으로의 부르심 / 클라이드 필킹턴/ 9,000원

도서구입 :
온라인쇼핑몰 brethrenkr.shop.co.kr
생명의말씀사, 갓피플몰, 지마켓, 쿠팡, 예스24, 알라딘

유튜브 동영상을 통해서 영적해방의 진리를 배울 수 있습니다.
Youtube : "다비신학연구원" - 성화의 삶 세미나

Originally published under the title of
"Forgiveness of Sins, In Three Aspects &
Freedom from Sin : What is it?"
by George Cutting
Copyright©Bible Truth Publishers
PO Box 649
Addison IL 60101 USA

죄 사함과 죄로부터의 완전한 자유
ⓒ형제들의 집 2018

초판 발행 • 2018.10.17
지은이 • 조지 커팅
옮긴이 • 이 종 수
발행처 • 형제들의집
판권ⓒ형제들의집 2018
등록 제 7-313호(2006.2.6)
Cell. 010-9317-9103
홈페이지 http://brethrenhouse.co.kr
E-mail: asharp@empas.com
ISBN 978-89-93141-02-3 03230

*값은 뒤표지에 있습니다.
*잘못된 책은 바꿔드립니다.
*서점공급처는 〈생명의말씀사〉입니다. 전화(02) 3159-7979(영업부)